CODE PRATIQUE DES LOIS

SUR LES DROITS DE

TIMBRE ET DE TRANSMISSION

DES TITRES DES

Sociétés Françaises et Étrangères

ET SUR LA TAXE DU

REVENU DES VALEURS MOBILIÈRES

SUIVI DE LA

LOI DU 24 JUILLET 1867 SUR LES SOCIÉTÉS

ET DE

MODÈLES DE DÉCLARATION D'EXISTENCE, D'ENGAGEMENT DE REPRÉSENTANT
RESPONSABLE, DE RELEVÉ DE CONVERSIONS ET TRANSFERTS
ET D'ÉTATS DE SITUATIONS TRIMESTRIELLES,

Par M. BOURGADE

Ancien receveur du Timbre et de l'Enregistrement ;
Auteur du guide pratique de l'Enregistrement ;
du Crédit foncier, le Crédit agricole et les emprunteurs ;
du Registre de l'état civil de la Propriété foncière, etc.

PRIX : 3 FRANCS.

PARIS

A. RAMÉ, IMPRIMEUR-ÉDITEUR

6, RUE D'ABOUKIR,

ET A LA PAPETERIE DORVILLE.

CODE PRATIQUE DES LOIS

SUR LES

VALEURS FRANÇAISES ET ÉTRANGÈRES

CODE PRATIQUE DES LOIS

SUR LES DROITS DE

TIMBRE ET DE TRANSMISSION

DES TITRES DES

Sociétés Françaises et Étrangères

ET SUR LA TAXE DU

REVENU DES VALEURS MOBILIÈRES

SUIVI DE LA

LOI DU 24 JUILLET 1867 SUR LES SOCIÉTÉS

ET DE

MODÈLES DE DÉCLARATION D'EXISTENCE, D'ENGAGEMENT DE REPRÉSENTANT
RESPONSABLE, DE RELEVÉ DE CONVERSIONS ET TRANSFERTS
ET D'ÉTATS DE SITUATIONS TRIMESTRIELLES,

Par M. BOURGADE

Ancien receveur du Timbre et de l'Enregistrement ;
Auteur du guide pratique de l'Enregistrement ;
du Crédit foncier, le Crédit agricole et les emprunteurs ;
du Registre de l'état civil de la Propriété foncière, etc.

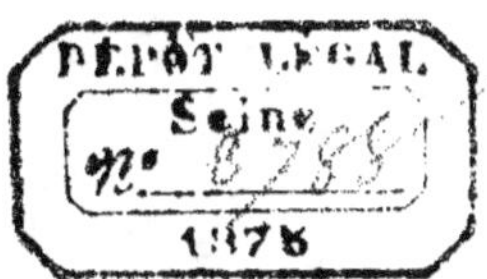

A. RAMÉ, IMPRIMEUR-ÉDITEUR, PARIS

6, RUE D'ABOUKIR,

ET A LA PAPETERIE DORVILLE.

DIVISION DE L'OUVRAGE.

SECTION I

VALEURS FRANÇAISES

SECTION II

VALEURS ÉTRANGÈRES

PREMIÈRE PARTIE.

Sociétés, Compagnies et Entreprises étrangères.

DEUXIÈME PARTIE.

Villes, provinces, corporations étrangères, établissements publics étrangers.

SECTION Iʳᵉ

VALEURS FRANÇAISES

***

CHAPITRE PREMIER.

Timbre. — Droit d'abonnement.

§ 1ᵉʳ. — Actions.

LOI DU 5 JUIN 1850.

Art. 14. *Droit proportionnel sur le capital nominal.* — Chaque titre ou certificat d'action, dans une Société, Compagnie ou Entreprise quelconque, financière, commerciale, industrielle ou civile, que l'action soit d'une somme fixe ou d'une quotité, qu'elle soit libérée ou non libérée, émis à partir du 1ᵉʳ janvier 1851, sera assujetti au timbre proportionnel de cinquante centimes pour cent francs du capital nominal pour les Sociétés, Compagnies ou Entreprises dont la durée n'excédera pas dix ans, et à un pour cent pour celles dont la durée dépassera dix années.

Capital réel. — A défaut de capital nominal, le droit se calculera sur le capital réel, dont la valeur sera déterminée d'après les règles établies par les lois sur l'enregistrement.

Loi du 22 frimaire an VII, art. 16. Si les sommes et valeurs ne sont pas déterminées dans un acte ou un jugement donnant lieu au droit proportionnel, les parties seront tenues d'y suppléer, avant l'enregistrement, par une déclaration estimative, certifiée et signée au pied de l'acte.

Avance du droit. — L'avance en sera faite par la Compagnie, quels que soient les statuts.

Valeurs de 20 francs en 20 francs. — La perception de ce droit proportionnel suivra les sommes et valeurs de vingt francs en vingt francs inclusivement et sans fractions.

Décimes. — Il est ajouté deux décimes au principal des droits de timbre de toute nature. (Loi du 23 août 1871, art. 2).

Art. 15. Abrogé. (Loi du 23 juin 1857, art. 11.)

Art. 16. *Apposition du timbre.* — Les titres ou certificats d'actions seront tirés d'un registre à souche; le timbre sera apposé sur la souche et le talon. ·

Communication du registre. — Le dépositaire du registre sera tenu de le communiquer aux préposés de l'enregistrement, selon le mode prescrit par l'art. 54 de la loi du 22 frimaire an VII, et sous les peines y énoncées.

Loi du 22 frimaire an VII, art. 54 : Les dépositaires des registres de l'état civil, ceux des rôles des contributions, et tous autres chargés des archives et dépôts de titres publics, seront tenus de les communiquer, sans déplacer, aux préposés de l'enregistrement, à toute réquisition, et de leur laisser prendre, sans frais, les renseignements, extraits et copies qui leur seront nécessaires pour les intérêts de la République, à peine de 50 fr. d'amende pour refus constaté par procès verbal du préposé, qui se fera accompagner, ainsi qu'il est prescrit par l'art. 52 ci-dessus, chez les détenteurs et dépositaires qui lui auront fait refus. Les communications ci-dessus ne pourront être exigées les jours de repos; et les séances, dans chaque autre jour, ne pourront durer plus de quatre heures, de la part des préposés, dans les dépôts où ils feront leurs recherches.

Art. 52. Le préposé, dans ce cas, requerra l'assistance d'un officier municipal, ou de l'agent ou de l'adjoint de la commune du lieu, pour dresser, en sa présence, procès-verbal du refus qui lui aura été fait.

Représentation de titres, livres, etc.

Loi du 23 août 1871, art. 22. Les Sociétés, Compagnies, assureurs, entrepreneurs de transports et tous autres assujettis aux vérifications des agents de l'enregistrement et du timbre par les lois en vigueur, sont tenus de représenter

auxdits agents leurs livres, registres, titres, pièces de re-
cette, de dépense et de comptabilité, afin qu'ils s'assurent de
l'exécution des lois sur le timbre.

Refus de communication. — Tout refus de communication
sera constaté par procès-verbal et puni d'une amende de 100 à
1,000 fr.

Art. 17. *Titre renouvelé ou transféré.* — Le titre ou certificat d'action, délivré par suite de transfert ou de renouvellement, sera timbré à l'extraordinaire ou visé pour timbre gra-
tis, si le titre ou certificat primitif a été timbré.

Art. 18. *Contravention aux art. 14 et 16.* — Toute Société,
Compagnie ou Entreprise qui sera convaincue d'avoir émis
une action en contravention à l'art. 14 et au 1er § de l'art. 16,
sera passible d'une amende de douze pour cent du montant de
cette action.

Art. 19. *Titre non timbré cédé ou transféré.* — *Amende.*
— *Agent de change ou courtier.* — L'agent de change ou le
courtier qui aura concouru à la cession ou au transfert d'un
titre ou certificat d'action non timbré, sera passible d'une
amende de dix pour cent du montant de l'action.

Art. 20. *Titres délivrés antérieurement au 1er janvier 1851.*
— Il est accordé un délai de six mois pour faire timbrer à
l'extraordinaire ou viser pour timbre sans amende, et au droit
proportionnel de cinq centimes par cent francs, conformément
à l'art. 1er, les titres ou certificats d'actions qui auront été, en
contravention aux lois existantes, délivrés antérieurement au
1er janvier 1851. Le droit sera perçu sur la représentation du
registre à souche, ou tout autre constatant la délivrance du
certificat, et l'avance en sera faite par la Compagnie, la Société ou l'Entreprise. — Le délai de six mois expiré, la Société,
la Compagnie ou l'Entreprise sera, en cas de contravention,
passible de l'amende déterminée par l'art. 18.

Insertion au Moniteur. — L'avis officiel de l'acquittement
du droit, inséré dans le *Moniteur*, équivaudra à l'apposition
du timbre pour les titres et certificats énoncés au 1er § de cet
article.

Art. 21. *Renouvellement des titres énoncés en l'art. 20.* — L'art. 17 ne sera pas applicable aux renouvellements des titres énoncés en l'art. 20. Ces renouvellements resteront assujettis au timbre déterminé par cet article, et les cessions des titres ainsi renouvelés au droit d'enregistrement fixé par les lois anciennes, s'il résulte du titre nouveau que le titre primitif avait été émis antérieurement au 1er janvier 1851.

Art. 22. *Droit d'abonnement.* — Les Sociétés, Compagnies ou Entreprises pourront s'affranchir des obligations imposées par les articles 14 et 20, en contractant avec l'Etat un abonnement pour toute la durée de la société.

Annualité et quotité de droit. — *Capital nominal.* — Le droit sera annuel, et de cinq centimes par cent francs du capital nominal de chaque action émise.

Capital réel. — A défaut de capital nominal, il sera de cinq centimes par cent francs du capital réel, dont la valeur devra être déterminée conformément au deuxième paragraphe de l'article 14.

Lieu et date du payement du droit. — Le payement du droit sera fait, à la fin de chaque trimestre, au bureau de l'enregistrement du lieu où se trouvera le siége de la Société, de la Compagnie ou de l'Entreprise.

Abonnement : Application des articles 16 et 18. — Même en cas d'abonnement, les articles 16 et 18 resteront applicables.

Règlement d'administration publique. — Un réglement d'administration publique déterminera les formalités à suivre pour l'application du timbre sur les actions.

Art. 23. *Contraventions aux dispositions du réglement.* — Chaque contravention aux dispositions de ce réglement sera passible d'une amende de 50 francs.

Art. 24. *Sociétés en liquidation.* — *Sociétés improductives.* — *Dispense du droit.* — Seront dispensées du droit les Sociétés, Compagnies ou Entreprises abonnées qui, depuis leur abonnement, se seront mises ou auront été mises en liquidation. — Celles qui, postérieurement à leur abonnement, n'auront, dans les deux premières années, payé ni dividendes

ni intérêts, seront aussi dispensées du droit, tant qu'il n'y aura pas de répartition de dividendes ou de payement d'intérêts.
— Jouiront de la même dispense, les Sociétés et Compagnies
qui, dans les deux dernières années antérieures à la promulgation de la présente loi, n'auront payé ni dividendes, ni intérêts, à la charge, toutefois, par elles, de s'abonner dans les six
mois qui suivront cette promulgation, et de payer le droit annuel à partir de la première répartition de dividendes ou du
premier payement d'intérêts.

Art. 25. *Cessions d'actions faites en conformité de l'article 1690 du Code civil.* — Les dispositions des articles précédents ne s'appliquent pas aux actions dont la cession n'est
parfaite, à l'égard des tiers, qu'au moyen des conditions déterminées par l'article 1690 du code civil, ni à celles qui en ont
été formellement dispensées par une disposition de loi.

> Art. 1690 du code civil. Le cessionnaire n'est saisi à
> l'égard des tiers que par la signification du transport faite
> au débiteur. — Néanmoins le cessionnaire peut être égale-
> ment saisi par l'acceptation du transport faite par le débiteur
> dans un acte authentique.

Art. 26. *Renouvellement d'une Société.* — Dans le cas de
renouvellement d'une Société ou Compagnie constituée pour
une durée n'excédant pas dix années, les certificats d'actions
seront de nouveau soumis à la formalité du timbre, à moins
que la Société ou Compagnie n'ait contracté un abonnement
qui, dans ce cas, se trouvera prorogé pour la nouvelle durée
de la Société.

§ 2 — Obligations négociables des Départements, Communes, Établissements publics et Compagnies.

Art. 27. *Timbre proportionnel sur le montant des titres.*
— Les titres d'obligations souscrits à compter du 1ᵉʳ janvier
1851, par les Départements, Communes, Établissements pu-

blics et Compagnies, sous quelque dénomination que ce soit, dont la cession, pour être parfaite à l'égard des tiers, n'est pas soumise aux dispositions de l'article 1690 (précité), seront assujettis au timbre proportionnel de un pour cent du montant du titre.

Avance du droit. — L'avance en sera faite par les Départements, Communes, Établissements publics et Compagnies.

Valeurs de vingt francs en vingt francs. — La perception du droit suivra les sommes et valeurs de 20 francs en 20 francs inclusivement, et sans fraction.

Décimes. — Ce droit est assujetti à deux décimes. (Lois des 23 août 1871, art. 2, et 30 mars 1872, art. 3. Voir page 38).

Art. 28. *Registres à souche.* — Les titres seront tirés d'un registre à souche.

Communication du registre. — Le dépositaire du registre sera tenu de le communiquer aux préposés de l'enregistrement, selon le mode prescrit par l'article 54 de la loi du 22 frimaire an VII précité, (voir art. 16 de la loi), et sous les peines y énoncées.

Art. 29. *Contraventions aux articles 27 et 28.* — Toute contravention à l'article 27 et au 1er paragraphe de l'article 28, sera punie contre les Départements, Communes, Établissements publics et Sociétés, d'une amende de dix pour cent du montant du titre.

Art. 30. *Délai pour l'acquittement du droit au moment de la promulgation de la loi.* — Les Départements, Communes, Établissements publics et Compagnies auront un délai de six mois, à partir de la promulgation de la présente loi, pour faire timbrer à l'extraordinaire, sans amende, ou viser pour timbre, au droit fixé par les lois existantes, les titres compris dans l'article 27, et souscrits antérieurement au 1er janvier 1851. — Ce délai expiré, les Départements, Communes, Établissements publics et Compagnies seront passibles de l'amende déterminée par l'article 29.

Art. 31. *Droit d'abonnement.* — Les Départements, Communes, Établissements publics et Compagnies pourront s'affranchir des obligations imposées par les articles 27 et 30, en contractant avec l'État un abonnement pour toute la durée des titres.

Annualité et quotité du droit. — Le droit sera annuel, et de cinq centimes par cent francs du montant de chaque titre.

Délai et lieu du payement. — Le payement du droit sera fait à la fin de chaque trimestre au bureau d'enregistrement du lieu où les Départements, Communes, Etablissements publics et Compagnies auront le siége de leur Administration.

Application des articles 22 et 28 en cas d'abonnement. — En cas d'abonnement, le dernier paragraphe de l'article 22 et l'art. 28 seront applicables.

Décimes. Droit assujetti aux deux décimes (Lois des 23 août 1871, art. 2, et 30 mars 1872, — art. 3. Voir page 38).

Art. 32. *Articles applicables aux titres compris en l'article 27.* — Les articles 19, 23 et 25 sont applicables aux titres compris en l'article 27.

Application du Timbre sur les actions et les obligations.

DÉCRET DU 27 JUILLET 1850.

Art. 3. *Création de nouveaux types.* — Il sera créé six nouveau types pour l'exécution des dispositions des titres 2 et 3 de la loi du 5 juin 1850. Ces types, conformes aux modèles ci-annexés, seront employés pour le timbrage, soit au comptant, soit pour abonnement des actions dans les Sociétés, des obligations négociables des Départements, Communes, Etablissements publics, d'assurances autres que les assurances maritimes.

Art. 4. *Timbrage à Paris.* — Les actions dans les Sociétés et les obligations négociables mentionnées dans l'article précédent ne pourront être timbrées au comptant qu'à l'atelier général du timbre à Paris, où elles seront frappées, à partir du 1er janvier 1851, d'un timbre noir et d'un timbre sec. Le timbre sec sera celui dont il est fait usage pour les formules d'effets de commerce et de lettres de voiture.

Départements. — Les Sociétés, Départements, Communes, Etablissements publics et Compagnies qui auront, dans les départements autres que celui de la Seine, à faire timbrer des actions et obligations, devront les remettre, en feuilles détachées et en payant comptant les droits au receveur du timbre extraordinaire, au chef-lieu de chaque département. Ces titres seront transmis, par la poste, à l'Administration centrale de l'Enregistrement, qui les fera timbrer sur la souche et le talon, conformément aux articles 16 et 28 de la loi, et les renverra immédiatement, ainsi qu'il est pratiqué pour les formules d'effets de commerce et de lettres de voiture, conformément à l'art. 6 de la loi du 11 juin 1842, et de l'ordonnance du même jour. (Voir ci-dessus les articles 16 et 28 : Registres à souche).

Timbrage en cas d'abonnement. — En cas d'abonnement pour les actions à émettre et les obligations à souscrire, à partir du 1er janvier 1851, des timbres spéciaux seront appliqués sur la souche et le talon de ces titres au chef-lieu du département où l'abonnement aura été souscrit, et la formalité sera donnée après la souscription de cet abonnement. Ces timbres, au nombre de deux, ne différeront des autres types que par la légende, qui portera ces mots : *Action-abonnement* ou ceux-ci : *Obligation-abonnement.*

Département de la Seine. — Dans l'exergue des timbres d'abonnement qui seront destinés au département de la Seine, on placera le mot *Seine.* (Pour les autres départements, la griffe portant le nom du département a été supprimée par décret du 8 octobre 1864, article 1er.) L'article 2 de ce décret dispose que : les timbres en usage dans ces départements porteront un numéro ou un signe spécial pour chaque département. Ces dispositions ont été confirmées par l'article 1er du décret du 12 juin 1869.

CRÉDIT FONCIER.

LOI DU 8 JUILLET 1852.

Art. 29. *Abonnement.* — *Lettres de gage.* — Le droit de

timbre fixé pour les lettres de gage du Crédit foncier à 50 centimes par 1,000 francs, conformément à l'article 1er de la loi du 5 juin 1850, pourra être perçu par voie d'abonnement annuel à raison de 5 centimes. (L. 30 mars, 1872, art. 1 et 3) par 1,000 francs du total des lettres de gage en circulation, suivant le mode réglé par l'article 37 de la loi du 5 juin 1850.

Loi du 5 juin 1850, art. 37. L'abonnement de l'année courante se calculera sur le chiffre total des opérations de l'année précédente. Le payement du droit sera fait par moitié et par semestre au bureau de l'enregistrement du lieu où se trouvera le siége de l'établissement.

LOI DU 30 MARS 1872.

Art. 1. *Taux d'abonnement.* — Le taux d'abonnement au timbre des lettres de gage et obligations du Crédit foncier, fixé par l'article 29 de la loi du 8 juillet 1852, est élevé à 5 centimes par 1,000 francs.

CHAPITRE II.

Enregistrement. — Droit de transmission.

LOI DU 23 JUIN 1857.

Art. 6. *Droit proportionnel.* — *Titres nominatifs.* — *Valeur négociée.* — Indépendamment des droits établis par le titre II (art. 14 et suivants) de la loi du 5 juin 1850, toute cession de titres ou promesses d'actions et d'obligations dans une Société, Compagnie ou Entreprise quelconque, financière, industrielle, commerciale ou civile, quelle que soit la date de sa création, est assujettie, à partir du 1er juillet 1857, à un droit de transmission de .... centimes (50 centimes sans décimes, loi du 29 juin 1872, art. 3, voir page 32), par 100 francs de la valeur négociée.

Loi du 5 juin 1850, art. 14, 22, 27 et 31. — (Droit de timbre et droit d'abonnement).

Titres au porteur sur le capital. — **Ce droit,** pour les titres au porteur, et pour ceux dont la transmission peut s'opérer sans un transfert sur les registres de là Société, est converti en une taxe annuelle et obligatoire de .... centimes (20 centimes, sans addition de décimes. Loi du 29 juin 1872, art. 3, voir page 32), par 100 francs du capital desdites actions et obligations, évalué par le cours moyen de l'année précédente, et, à défaut de cours dans cette année, conformément aux règles établies par les lois sur l'enregistrement.

Loi du 22 frimaire an VII, art. 16. — Si les sommes et valeurs ne sont pas déterminées, dans un acte ou un jugement donnant lieu au droit proportionnel, les parties seront tenues d'y suppléer, avant l'enregistrement, par une déclaration estimative, certifiée et signée au pied de l'acte.

Loi du 30 mars 1872, art. 1. *Valeur négociée.* — Ce droit (sur les titres au porteur), ainsi que celui de .... centimes sur la transmission des titres nominatifs, seront perçus, à l'avenir, sur la valeur négociée, déduction faite des versements restant à faire sur les titres non entièrement libérés.

Art. 7. *Titres nominatifs.* — *Transferts sur les registres de la Société.* — *Perception du droit.* — *Avance du droit par les Sociétés.* — Le droit pour les titres nominatifs, dont la transmission ne peut s'opérer que par un transfert sur les registres de la Société, est perçu, au moment du transfert, pour le compte du Trésor, par les Sociétés, Compagnies et Entreprises, qui en sont constituées débitrices par le fait du transfert.

Titres au porteur. — *Paiement du droit.* — *Avance du droit par les Sociétés.* — Le droit sur les titres mentionnés au § 2 de l'article précédent est payable par trimestre, et avancé par les Sociétés, Compagnies et Entreprises, sauf recours contre les porteurs desdits titres.

Relevé trimestriel des transferts et des conversions. — *État des actions et obligations soumises à la taxe annuelle.* — *Date des dépôts.* — A la fin de chaque trimestre, lesdites Sociétés sont tenues de remettre au receveur de l'enregistrement du siége social, le relevé des transferts et des conversions, ainsi que l'état des actions et obligations soumises à la taxe annuelle. (Voir modèles de relevé et états à la fin de l'ouvrage).

Art. 8. *Faculté de conversion. — Droit de transmission.* — Dans les Sociétés qui admettent le titre au porteur, tout propriétaire d'actions et obligations a toujours la faculté de convertir ses titres au porteur en titres nominatifs, et réciproquement. Dans l'un et l'autre cas, la conversion donne lieu au droit de transmission.

Art. 9. *Règlement d'administration publique.* — Un règlement d'administration publique déterminera toutes les mesures nécessaires pour l'exécution de la présente loi.

Art. 10. *Contraventions.* — Toute contravention aux présentes dispositions, et à celles des règlements qui seront faits pour leur exécution, est punie d'une amende de 100 fr. à 5,000 fr., sans préjudice des peines portées par l'art. 39 de la loi du 22 frimaire an VII, pour omission ou insuffisance de déclaration.

> Loi du 22 frimaire an VII, art. 39. — La peine, pour les omissions qui seront reconnues avoir été faites dans les déclarations de valeurs transmises par décès, sera d'un droit en sus de celui qui se trouvera dû pour les objets omis ; il en sera de même pour les insuffisances constatées dans les estimations des biens déclarés.

Art. 11. L'art. 15 de la loi du 5 juin 1850 est abrogé.

DÉCRET DU 17 JUILLET 1857
portant règlement d'administration publique.

Art. 1. *Déclaration à faire au bureau de l'enregistrement.* — Les Compagnies, Sociétés et Entreprises dont les actions et obligations sont assujetties au droit de transmission établi par l'art. 6 de la loi du 23 juin 1857, seront tenues de faire, au bureau de l'enregistrement du lieu où elles auront le siége de leur principal établissement, une déclaration contenant :

1° l'objet, le siége et la durée de la Société ou de l'Entreprise ; 2° la date de l'acte constitutif et celle de l'enregistrement de cet acte ; 3° les noms des directeurs ou gérants ; 4° le nombre et le montant des titres émis, en distinguant les actions des obligations, et les titres nominatifs des titres au porteur. (Voir modèle de déclaration d'existence à la fin de l'ouvrage).

Délai de la déclaration. — Cette déclaration devra être faite dans le mois de la constitution définitive des Sociétés, Compagnies et Entreprises.

Modifications dans la constitution sociale. — En cas de modification dans la constitution sociale, de changements de siége, de remplacement du directeur ou gérant, d'émission de titres nouveaux, lesdites Sociétés, Compagnies et Entreprises devront en faire la déclaration, dans le délai d'un mois, au bureau qui aura reçu la déclaration primitive.

Art. 2. *Acquittement des droits. — Bureau. — Délai.* — Le droit de 50 centimes par 100 francs, établi par les articles 6 et 8 de la loi du 23 juin 1857 sur les transferts des actions et obligations nominatives, ainsi que sur les conversions de titres, sera acquitté conformément à l'article 7 de la même loi, par les Sociétés, Compagnies et Entreprises, au bureau de l'enregistrement du siége social, après l'expiration de chaque trimestre et dans les vingt premiers jours du trimestre suivant.

Relevé des transferts et conversions. — Délai de la remise. — Le relevé des transferts et des conversions sera remis au receveur de l'enregistrement lors de chaque versement. — Ce relevé énoncera : 1° la date de chaque opération ; 2° les noms, prénoms et domicile du cédant et du cessionnaire ou du détenteur des titres convertis; 3° la désignation et le nombre des actions et obligations transférées ou converties ; 4° le prix de chaque transfert ou la valeur des actions et obligations converties; 5° le total, en toutes lettres, de la somme soumise au droit de 50 centimes par cent francs. (Voir modèle de relevé à la fin de l'ouvrage, lequel servira pour l'état prescrit par l'article 4 ci-après).

Art. 3. *Valeurs des actions et obligations converties.* — La valeur des actions et obligations couvertes sera établie, pour celles *cotées à la Bourse,* d'après le dernier cours moyen constaté avant le jour de la conversion, et, pour les autres (*celles non cotées*), conformément à l'article 16 (ci-dessus) de la loi du 22 frimaire an VII.

Art. 4. *Transferts à titre de garantie.* — Les transferts faits à titre de garantie et n'emportant pas transmission de propriété, seront l'objet d'un état spécial joint au relevé trimestriel qui doit être remis au receveur de l'enregistrement, conformément à l'article 2 du présent règlement. — Il ne sera pas tenu compte de ces transferts dans la liquidation des droits.

Art. 5. *Acquittement de la taxe établie sur les titres au porteur et ceux dont la transmission peut s'opérer sans un transfert sur les registres de la Société. — Dépôt d'états distincts des actions et des obligations.* — Pour l'acquittement de la taxe établie sur les titres au porteur et ceux dont la transmission peut s'opérer sans un transfert sur les registres, les Sociétés formeront un état distinct des actions et des obligations de cette nature existantes au dernier jour des trimestres de janvier, avril, juillet et octobre, et elles le déposeront entre les mains du receveur de l'enregistrement du lieu de l'établissement. (Voir modèle d'état à la fin de l'ouvrage).

Cours moyen des titres cotés. — Cet état mentionnera le cours moyen, pendant l'année précédente, des actions et obligations cotées à la Bourse.

Titres non cotés. — Déclaration estimative. — A l'égard de celles non cotées dans le cours de cette année, il contiendra une déclaration estimative faite conformément à l'article 16 (ci-dessus) de la loi du 22 frimaire an VII.

Délai de paiement de la taxe. — La taxe sera payée dans les 20 jours qui suivront l'expiration de chaque trimestre, et perçue, pour le trimestre entier, d'après la situation établie conformément au premier paragraphe du présent article.

Compagnies créées après l'ouverture d'un trimestre. — En ce qui concerne les Compagnies qui seront créées à l'avenir après l'ouverture d'un trimestre, le droit ne sera liquidé, pour la première fois, que proportionnellement au nombre de jours écoulé depuis leur constitution.

Art. 6. *États, relevés et déclarations certifiés véritables.* — Les états, relevés et déclarations qui seront fournis aux receveurs de l'enregistrement, conformément aux articles précédents, seront certifiés véritables par les directeurs ou gérants des Sociétés, Compagnies ou Entreprises.

Art. 7. *Cours moyen des titres au porteur* (Calcul du). — Le cours moyen qui, suivant l'article 6 de la loi du 23 juin 1857, doit servir de base à la perception de la taxe sur les titres au porteur, sera établi en divisant la somme des cours moyens de chacun des jours de l'année, par le nombre de ces cours.

Cours moyen des valeurs cotées. — A l'égard des valeurs cotées dans les bourses des départements et à la bourse de Paris, il sera tenu compte exclusivement des cotes de cette dernière bourse pour la formation du cours moyen.

Art. 8. *Titres au porteur des Sociétés nouvellement formées.* — Les titres au porteur sur les Sociétés nouvellement formées ne supporteront la taxe, dans le courant de la première année de la constitution, que d'après une déclaration estimative faite par ces Sociétés, de la valeur de leurs titres, conformément à l'article 16 (ci-dessus) de la loi du 22 frimaire an VII.

Art. 9. *Communication aux préposés de l'enregistrement des registres à souche et des registres de transferts et conversions.* — Les dépositaires des registres à souche et des registres de transferts et conversions de titres de Sociétés, Compagnies et Entreprises, seront tenus de les communiquer sans déplacement, ainsi que toutes les pièces et documents relatifs aux dits transferts et conversions, aux préposés de l'enregistrement, à toute réquisition, et de leur laisser prendre, sans frais, les renseignements, extraits et copies qui seraient nécessaires dans l'intérêt du Trésor public, à peine de l'amende prononcée par l'article 10 (ci-dessus) de la loi du 23 juin 1857, pour chaque refus. — Le refus de la Société ou de ses agents sera établi, jusqu'à inscription de faux, par le procès-verbal du préposé, affirmé dans les vingt-quatre heures.

Loi du 23 août 1871, article 22. — *Communications de pièces à faire par les Sociétés pour l'exécution des lois sur le timbre.* — Les Sociétés... et tous autres assujettis aux vérifications des agents de l'enregistrement par les lois en vigueur, sont tenus de représenter auxdits agents leurs livres, registres, titres, pièces de recettes, de dépense et de comptabilité, afin qu'ils s'assurent de l'exécution des lois sur le timbre. — Tout refus de communication sera constaté par procès-verbal et puni d'une amende de 100 francs à 2,000 francs.

Art. 12. *Contraventions.* — En cas d'infractions aux dispositions du présent Règlement, ou de retard, soit dans le payement des droits, soit dans le dépôt des états, relevés et déclarations prescrits par les articles précédents, les Sociétés, Compagnies et Entreprises seront passibles de l'amende prononcée par l'article 10 (ci-dessus) de la loi du 23 juin 1857, sans préjudice des peines portées par l'article 39 (ci-dessus) de la loi du 22 frimaire an VII, pour omission ou insuffisance de déclarations. — En cas d'omission ou d'insuffisance dans les états, relevés et déclarations, la preuve en sera faite comme en matière d'enregistrement. (Voir L. 30 mars 1872, art. 1, page 33).

CRÉDIT FONCIER.— DÉPARTEMENTS, COMMUNES & ÉTABLISSEMENTS PUBLICS.

LOI DU 16 SEPTEMBRE 1871.

Art. 11. *Droit de transmission.* — Les droits de transmission sur la valeur négociée sont applicables aux obligations des Départements, des Communes, des Établissements publics et de la Société du Crédit foncier. (Voir L. 30 mars 1872, art. 1, page 33).

MODÈLE

de Relevé de conversions et transferts et d'États de situations trimestrielles. (Voir à la fin de l'ouvrage.)

CHAPITRE III.

Impôt direct. — Taxe sur le revenu.

LOI DU 29 JUIN 1872.

Art. 1. *Taxe annuelle et obligatoire.* — Indépendamment des droits de timbre et de transmission établis par les lois existantes, il est établi, à partir du 1ᵉʳ juillet 1872, une taxe annuelle et obligatoire.

Actions. — Intérêts. — Dividendes. — Revenus. — 1° Sur les intérêts, dividendes, revenus et autres produits des actions de toute nature des Sociétés, Compagnies ou Entreprises quelconques, financières, industrielles, commerciales ou civiles, quelle que soit l'époque de leur création.

Obligations ou emprunts. — Arrérages et intérêts. — 2° Sur les arrérages et intérêts annuels des emprunts et obligations des Départements, Communes et Etablissements publics, ainsi que des Sociétés, Compagnies ou Entreprises ci-dessus désignées.

Commandites simples. — Intérêts. — Produits et bénéfices annuels. — 3° Sur les intérêts, produits et bénéfices annuels des parts d'intérêts et commandites dans les Sociétés, Compagnies et Entreprises, dont le capital n'est pas divisé en actions.

Art. 2. *Détermination du revenu.* — Le revenu est déterminé :

Actions. — 1° Pour les actions, par le dividende fixé d'après les délibérations des Assemblées générales d'actionnaires ou des conseils d'administration, les comptes-rendus ou tous autres documents analogues ;

Obligations. — 2° Pour les obligations ou emprunts, par l'intérêt ou le revenu distribué dans l'année ;

Commandites simples. — 3° Pour les parts d'intérêts et commandites, soit par les délibérations des conseils d'administration des intéressés, soit, à défaut de délibération, par l'évaluation à raison de 5 p. 100 du montant du capital social ou de la commandite, ou du prix moyen des cessions de parts d'intérêt consenties pendant l'année précédente.

Lieu et date du dépôt des comptes-rendus et des extraits de délibérations. — Les comptes-rendus et les extraits des délibérations des conseils d'administration ou des actionnaires, seront déposés, dans les vingt jours de leur date, au bureau de l'enregistrement du siége social.

Art. 3. *Quotité de la taxe.* — La quotité de la taxe établie par la présente loi est fixée à 3 0/0 du revenu des valeurs spécifiées en l'art. 1er.

Avance du droit. — Le montant en est avancé, sauf leur recours, par les Sociétés, Compagnies, Entreprises, Villes, Départements ou Etablissements publics.

Art. 4. *Règlement d'administration publique.* — Un règlement d'administration publique déterminera les époques de paiement de la taxe, ainsi que toutes les autres mesures nécessaires pour l'exécution de la présente loi.

Art. 5. *Contravention.* — Chaque contravention aux dispositions qui précèdent et à celles du règlement d'administration publique qui sera fait pour leur exécution, sera punie conformément à l'art. 10 de la loi du 23 juin 1857. (Voir cet article au chapitre 2 ci-dessus, page 17).

Recouvrement et instances. — Le recouvrement de la taxe sur le revenu sera suivi, et les instances seront introduites et jugées comme en matière d'enregistrement.

Loi du 22 frimaire an VII, art. 63. — *Solution des difficultés avant les instances.* — La solution des difficultés qui pourront s'élever relativement à la perception des droits d'enregistrement avant l'introduction des instances, appartient à la régie.

Art. 64. *Premier acte de poursuite.* — *Contrainte.* — Le premier acte de poursuite pour le recouvrement des droits d'enregistrement et le paiement des peines et amendes prononcées par la présente, sera une contrainte. Elle sera décernée par le receveur ou préposé de la régie ; elle sera visée et déclarée exécutoire par le juge de paix du canton où le bureau est établi, et elle sera signifiée. — L'exécution de la contrainte ne pourra être interrompue que par une opposition formée par le redevable et motivée, avec assignation, à jour fixe, devant le tribunal civil de l'arrondissement. Dans ce cas, l'opposant sera tenu d'élire domicile dans la commune où siége le tribunal.

Art. 65. *Introduction et instruction des instances.* — L'introduction et l'instruction des instances auront lieu devant les tribunaux civils d'arrondissement : la connaissance et la décision en sont interdites à toutes autres autorités constituées ou administratives. — L'instruction se fera par simples mémoires respectivement signifiés. — Il n'y aura d'autres frais à supporter pour la partie qui succombera que ceux du papier timbré, des significations et du droit d'enregistrement des jugements. — Les tribunaux accorderont, soit aux parties, soit aux préposés de la régie qui suivront les instances, le délai qu'ils leur demanderont pour produire leurs défenses ; il ne pourra néanmoins être de plus de trois décades. — Les jugements seront rendus dans les trois mois, au plus tard, à compter de l'introduction des instances, sur le rapport d'un juge, fait en audience publique, et sur les conclusions du commissaire du directoire exécutif ; ils seront sans appel, et ne pourront être attaqués que par voie de cassation.

DÉCRET DU 6 DÉCEMBRE 1872

Portant règlement d'administration publique.

Art. 1. *Avance et lieu de payement du droit.* — La taxe de 3 0/0 établie par la loi du 29 juin 1872 est avancée par les Sociétés, Compagnies, Entreprises, Départements, Communes et Établissements publics, et payée au bureau de l'enregistrement du siége social ou administratif désigné à cet effet, savoir :

Payement en quatre termes égaux. — Obligations à revenu fixe. — 1° Pour les obligations, emprunts et autres valeurs dont le revenu est fixé et déterminé à l'avance, en quatre termes égaux d'après les produits annuels afférents à ces valeurs ;

Payement en quatre termes égaux. — Actions. — Parts d'intérêt, commandites, emprunts à revenu variable. — 2° Pour les actions, parts d'intérêt, commandites et emprunts à revenu variable, en quatre termes égaux déterminés provisoirement d'après le résultat du dernier exercice réglé, et calculés sur les quatre cinquièmes du revenu s'il en a été distribué, et, en ce qui concerne les sociétés nouvellement créées, sur le produit évalué à cinq pour cent du capital *appelé.*

Liquidation définitive de la taxe. — Chaque année, après la clôture des écritures relatives à l'exercice, il est procédé à une liquidation définitive de la taxe due pour l'exercice entier. — Si de cette liquidation il résulte un complément de taxe au profit du Trésor, il est immédiatement acquitté. — Dans le cas contraire, l'excédant versé est imputable sur l'exercice courant, ou remboursé si la Société est arrivée à son terme ou si elle cesse de donner des revenus.

Art. 2. *Fixation des termes de payement.* —Les payements à faire en quatre termes doivent être effectués dans les vingt premiers jours des mois de janvier, avril, juillet et octobre de chaque année.

Date de la liquidation définitive. — Sociétés assujetties à des comptes-rendus ou à des délibérations. — La liquidation définitive a lieu au moment du dépôt, prescrit par l'article 2 de la loi du 29 juin 1872, des comptes-rendus et extraits des délibérations des assemblées générales d'actionnaires ou des conseils d'administration, ou de tous autres documents analogues fixant le dividende distribué.

Date de la liquidation définitive. — Sociétés non assujetties à l'obligation de prendre des délibérations. — Cette liquidation doit être établie dans les vingt premiers jours du mois de mai pour les Sociétés auxquelles leurs statuts n'imposent pas l'obligation de prendre des délibérations sur cet objet. Dans ce cas, la liquidation définitive est opérée à raison de 5 0/0 du prix moyen des cessions de parts d'intérêts consenties pendant l'année précédente et dûment enregistrées, et, à défaut de cession, d'après l'évaluation à cinq pour cent du montant du capital social ou de la commandite.

Art. 5. *Caisse des Dépôts et Consignations.* — La Caisse des Dépôts et Consignations est autorisée à payer directement à Paris, au bureau qui sera désigné, la taxe annuelle due à raison des prêts de toute nature qu'elle a faits à des Départements, Communes et Établissements publics.

SECTION II

VALEURS ÉTRANGÈRES

PREMIÈRE PARTIE.

Sociétés, Compagnies, Entreprises étrangères.

CHAPITRE PREMIER.

Timbre. — Droit d'abonnement.

LOI DU 23 JUIN 1857.

Art. 9. *Droit de timbre.* — Les actions et obligations émises par les Sociétés, Compagnies ou Entreprises étrangères, sont soumises, en France, à des droits équivalents à ceux qui sont établis par la présente loi (droit de transmission) et par celle de la loi du 5 juin 1850 (droit de timbre) sur les valeurs françaises; elles ne pourront être cotées et négociées en France, qu'en se soumettant à l'acquittement de ces droits.

Voir à la 1re section, page 7 : *Valeurs françaises.* — *Droit d'abonnement.* Chapitre 1er. — Loi du 5 juin 1850 :

Art. 14. *Actions. — Droit proportionnel sur le capital nominal. — Capital récl. — Avance du droit. — Valeurs de 20 francs en 20 francs.*

Art. 16. *Apposition du timbre. — Communication du registre à souche.— Représentation de titres, livres, etc., pour l'exécution des lois sur le timbre.* (*L.* 23 août 1871, *art.* 22).

Art. 17. *Titre renouvelé ou transféré.*

Art. 18. *Contraventions aux art.* 14 *et* 16.

Art. 19. *Titre non timbré cédé ou transféré. — Amende. — Agent de change ou courtier.*

Art. 20. *Titres délivrés antérieurement au 1er janvier 1851. — Insertion au* Moniteur.

Art. 21. *Renouvellement des titres énoncés en l'art. 20.*

Art. 22. *Droits d'abonnement. — Annualité et quotité du droit. — Capital nominal. — Capital réel. — Lieu et date du paiement du droit. — Abonnement : application des art. 16 et 18. — Règlement d'administration publique.*

Art. 23. *Contraventions aux dispositions du règlement.*

Art. 24. *Sociétés en liquidation. — Sociétés improductives. — Dispense du droit.*

Art. 25. *Cessions d'actions faites en conformité de l'art. 1690 du Code civil.*

Art. 26. *Renouvellement d'une Société.*

Art. 27. *Obligations négociables des Départements, Communes, Établissements publics et Compagnies. — Timbre proportionnel sur le montant des titres. — Avances du droit. — Valeurs de 20 francs en 20 francs. — Décimes.*

Art. 28. *Registres à souche. — Communication du registre.*

Art. 29. *Contraventions aux art. 27 et 28.*

Art. 30. *Délai pour l'acquittement du droit au moment de la promulgation de la loi.*

Art. 31. *Droit d'abonnement. — Annualité et quotité du droit. — Délai et lieu du paiement. — Application des art. 22 et 28 en cas d'abonnement. — Décimes.*

Art. 32. *Articles applicables aux titres compris en l'art. 27.*

Règlement d'administration publique. — Un règlement d'administration publique fixera le mode d'établissement et de perception de ces droits, dont l'assiette pourra reposer sur une quotité déterminée du capital social. — Le même règlement déterminera toutes les mesures nécessaires pour l'exécution de la présente loi.

Art. 10. *Contraventions aux dispositions de la loi et à celles du règlement.* — Toute contravention aux précédentes dispositions et à celles des règlements qui seront faits pour leur exécution, est punie d'une amende de 100 fr. à 5.000 fr., sans préjudice des peines portées par l'art. 39 de la loi du 22 frimaire an VII, pour omission ou insuffisance de déclaration.

> Loi du 22 frimaire an VII, art. 39 : Les héritiers, donataires ou légataires qui n'auront pas fait, dans les délais prescrits, les déclarations des biens à eux transmis par décès, payeront, à titre d'amende, un demi-droit en sus du droit qui sera dû pour la mutation. — La peine pour les omissions qui seront reconnues avoir été faites dans les déclarations sera d'un droit en sus de celui qui se trouvera dû pour les objets omis; il en sera de même pour les insuffisances constatées dans les estimations des biens déclarés.

Décimes. — Ce droit est assujetti aux deux décimes. (L. des 23 août 1871, art. 2, et 30 mars 1872, art. 3, page 39).

DÉCRET DU 17 JUILLET 1857

Portant règlement d'administration publique.

Art. 10. *Exécution de l'art. 9 de la loi. — Désignation d'un représentant responsable. — Déclaration à faire.* — Pour l'exécution de l'art. 9 de la loi, les Sociétés, Compagnies ou Entreprises étrangères qui ont été autorisées à faire coter leurs actions et obligations, soit à la Bourse de Paris, soit aux Bourses départementales, seront tenues, dans les deux mois de la promulgation de la loi, de désigner un représentant responsable en France, et de le faire agréer par le Ministre des Finances, sous peine de se voir retirer l'autorisation dont elles jouissent. — Toute Compagnie qui, à l'avenir, sera autorisée à faire coter ses titres en France devra faire également agréer par le Ministre des Finances un représentant responsable. Les Sociétés, Compagnies ou Entreprises mentionnées aux deux paragraphes précédents remettront au Ministre des Finances une déclaration indiquant le nombre de leurs actions et obligations, qui devra servir de base à l'impôt. Ce nombre sera fixé par le Ministre des Finances. (Voir à la fin de l'ouvrage le Modèle d'engagement de Représentant responsable.)

Art. 11. *Acquittement du droit par les Sociétés étrangères sur la quotité du capital déclaré.* — Le droit de timbre auquel sont assujetties les actions et les obligations émises par les Sociétés françaises sera acquitté par les Sociétés, Compagnies et Entreprises étrangères dont les titres sont ou seront cotés en France. Ce droit sera établi sur la quotité du capital déclaré, conformément à l'article 10 du présent règle-ment, et payé suivant le mode prescrit par les articles 22 et 31 de la loi du 5 juin 1850 (ci-après indiqués).

Insertion au Moniteur. — Un avis officiel, inséré au *Moniteur*, équivaudra à l'apposition du timbre.

> Loi du 5 juin 1830. — Art. 22. ACTIONS. — *Droit d'a-bonnement. — Annualité et quotité du droit sur le capital nominal. — Capital réel. — Lieu et date du paiement du droit. — Abonnement : Applications des articles 16 et 18. — Règlement d'administration publique.*
>
> Art. 31. OBLIGATIONS.— *Droit d'abonnement.— Annualité et quotité de droit. — Délai et lieu de paiement. — Application des articles 22 et 28 en cas d'abonnement.*
>
> Art. 28. *Registres à souche. — Communication des registres.*
>
> (Voir ces articles à la section Iʳᵉ. — *Valeurs françaises, droit d'abonnement,* chapitre Iᵉʳ, pages 10 et 12).

Art. 12. *Contraventions.* — En cas d'infraction aux dispositions du présent règlement ou de retard, soit dans le payement des droits, soit dans le dépôt des états, relevés et déclarations prescrits par les articles précédents, les Sociétés, Compagnies et Entreprises seront passibles de l'amende prononcée par l'article 10 de la loi du 23 juin 1857 (précité 100 fr. à 5,000 fr.), sans préjudice des peines portées par l'article 39 de la loi du 22 frimaire an VII (précité), pour omission ou insuffisance de déclaration. — En cas d'omission ou d'insuffisance dans les états, relevés et déclarations, la preuve en sera faite comme en matière d'enregistrement. — Les dispositions du présent article seront applicables aux Sociétés, Compagnies ou Entreprises *étrangères* et à *leurs représentants.*

> Articles précédents de ce décret : Art. 1ᵉʳ. *Déclaration à faire au bureau de l'enregistrement, délai de la déclaration. — Modifications dans la constitution sociale.*

Art. 2. *Acquittement des droits, bureau, délais. — Relevé des transferts et conversions, délai de la remise.*

Art. 3. *Valeur des actions et obligations converties.*

Art. 4. *Transferts à titre de garantie.*

Art. 5. *Acquittement de la taxe établie sur les titres au porteur et ceux dont la transmission peut s'opérer sans un transfert sur les registres de la Société, dépôt d'états distincts des actions et des obligations, cours moyen des titres cotés, titres non cotés, délai de paiement de la taxe, compagnies créées après l'ouverture d'un trimestre.*

Art. 6. *États, relevés et déclarations certifiés véritables.*

Art. 7. *Cours moyen (Calcul du) des titres au porteur, cours moyen des valeurs cotées.*

Art. 8. *Titres au porteur des Sociétés nouvellement formées.*

Art. 9. *Communications aux préposés de l'enregistrement des registres à souche et des registres des transferts et conversions. — Communications de pièces à faire par les Sociétés pour l'exécution des lois sur le timbre.* (L. 23 août 1871, art. 22).

Voir ces articles : Section Ire, valeurs françaises , chapitre Ier, droit d'abonnement, pages 17, 18, 19, 20).

DÉCRET DU 28 MARS 1868.

Art. 1er. *Sociétés étrangères improductives. — Dispenses du droit. — Justifications.* — Les Sociétés, Compagnies et Entreprises étrangères dont les titres sont cotés aux bourses françaises, sont admises à jouir du bénéfice de l'article 24 de la loi du 5 juin 1850 (dispense du droit de timbre), en justifiant que, pendant les deux dernières années, elles n'ont pu payer ni dividendes ni intérêts ; elles devront, à cet effet, produire à l'administration de l'enregistrement les procès-verbaux et délibérations des assemblées générales, les inventaires, balances et tous autres documents de comptabilité, vérifiés et certifiés par les agents diplomatiques ou consulaires français.

(Loi du 5 juin 1850, art. 24. *Sociétés en liquidation, Sociétés improductives.* (V. section Ire, valeurs françaises, chapitre Ier, droit d'abonnement, page 10).

DÉCRET DU 24 MAI 1872
Portant règlement d'administration publique.

Art. 1ᵉʳ. *Nombre de titres fixé par le Ministre sur l'avis d'une Commission.* — Le nombre des titres qui doit, en vertu de l'article 10 du décret du 17 juillet 1857 (précité), servir de base à la perception des droits de timbre et de transmission établis par la loi (de 1850) sur les actions et obligations des Sociétés étrangères, est fixé par le Ministre des Finances, sur l'avis préalable d'une Commission composée ainsi qu'il suit : le président de la section de finances au Conseil d'État, président ; le directeur général de l'enregistrement, des domaines et du timbre ; le directeur du mouvement général des fonds ; un régent de la Banque de France ; le syndic des agents de change de Paris. — La commission désigne son secrétaire qui a voix consultative.

Art. 2. *Minimum du nombre.* — Le nombre de titres assujettis aux droits de timbre (et de transmission), ne peut être inférieur, pour les *actions*, à un dixième et pour les *obligations*, à deux dixièmes du capital.

Art. 3. *Révision triennale du nombre.* — Le nombre des titres fixé par le Ministre des Finances, conformément aux articles qui précèdent, peut être révisé tous les trois ans. S'il n'y a pas lieu à révision, la fixation précédente sert de base pour une nouvelle période de trois ans. — S'il y a lieu à révision, elle est effectuée dans le trimestre qui précède l'échéance de la troisième année et sert de base pour une nouvelle période de trois ans.

Défaut d'acquittement de la taxe. — *Radiation de la cote.* — A défaut par les Sociétés, Compagnies, Entreprises, d'acquitter les droits, les titres sont rayés de la cote.

Responsabilité du Représentant. — Néanmoins, le représentant établi en France, conformément à l'article 10 (précité) du décret du 17 juillet 1857, reste responsable des droits jusqu'à l'époque à laquelle les titres auront cessé d'être cotés.

CHAPITRE II.

Enregistrement. — Droit de transmission.

LOI DU 23 JUIN 1857.

Art. 9. *Droit sur la valeur négociée.* — Les actions et obligations émises par les Sociétés, Compagnies ou Entreprises étrangères, sont soumises, en France, à des droits équivalents à ceux qui sont édictés par la présente loi sur les valeurs françaises; elles ne pourront être cotées et négociées en France, qu'en se soumettant à l'acquittement de ces droits. (50 centimes par 100 francs pour les titres nominatifs, transferts et conversions, et 20 centimes par 100 francs du capital des actions et obligations au porteur et de celles dont la transmission peut s'opérer par un transfert sur les registres de la Société, sans décimes. Lois des 23 juin 1857, art. 6, et 29 juin 1872, art. 3.)

> Loi du 23 juin 1857, art. 6. *Droit proportionnel.* — *Titres nominatifs. — Titres au porteur.* — (Voir cet article, 1ʳᵉ section. — *Valeurs françaises. — Droit de transmission.* — Chapitre 2, page 15.
>
> Loi du 29 juin 1872, art. 3. — A partir de la promulgation de la présente loi, le taux des droits et taxe établis par la loi du 23 juin 1857 et par celles des 16 septembre 1871 et 30 mars 1872, est réduit ainsi qu'il suit, savoir : à 50 centimes par 100 francs pour la transmission ou la conversion des titres nominatifs; à 20 centimes par 100 francs pour la taxe à laquelle sont assujettis les titres au porteur. — Ces droit et taxe ne sont pas soumis aux décimes.

Règlement d'administration publique. — Un règlement d'administration publique fixera le mode d'établissement et de perception de ce droit, dont l'assiette pourra reposer sur une quotité déterminée du capital social. — Le même règlement déterminera toutes les mesures nécessaires pour l'exécution de la présente loi.

> Loi du 30 mars 1872, art. 1. *Valeur négociée.* — Ce droit (sur les titres au porteur), ainsi que celui de.... centimes sur la transmission des titres nominatifs, seront perçus, à l'avenir, sur la valeur négociée, déduction faite des versements restant à faire sur les titres non entièrement libérés.

Art. 10. *Contraventions.*— Toutes contraventions aux précédentes dispositions, et à celles des règlements qui seront faits pour leur exécution, est punie d'une amende de 100 fr. à 5,000 fr., sans préjudice des peines portées par l'art. 39 de la loi du 22 frimaire an VII, pour omission ou insuffisance de déclaration. (Voir cet art. 39 à la 1ʳᵉ section. — *Valeurs françaises.* — *Droit de transmission,* chapitre 2, page 17).

DÉCRET DU 11 JANVIER 1862.

Art. 1. *Mode de perception du droit.* — Le droit de transmission établi par l'art. 9 de la loi du 23 juin 1857 (précité), et l'art. 10 (ci-après) du décret du 17 juillet suivant, sur les actions et obligations des Sociétés, Compagnies et Entreprises étrangères, est perçu de la manière suivante : pour les Sociétés, Compagnies et Entreprises dont les titres sont cotés dans les places de commerce de l'étranger et à la Bourse de Paris, ou dans les bourses départementales, la moitié du capital représenté par leurs actions et obligations est soumise à l'impôt; pour les Sociétés, Compagnies et Entreprises dont il est notoire que les titres circulent particulièrement en France, l'impôt est perçu sur le montant total de leurs actions et obligations.

DÉCRET DU 17 JUILLET 1857.

Portant règlement d'administration publique.

Art. 10. *Exécution de l'art. 9 de la loi. — Désignation d'un représentant responsable.* — Pour l'exécution de l'art. 9 de la loi, les Sociétés, Compagnies ou Entreprises étrangères qui ont été autorisées à faire coter leurs actions et obliga-

tions soit à la Bourse de Paris, soit aux bourses départementales, seront tenues, dans les deux mois de la promulgation de la
loi, de désigner un représentant responsable en France, et de
le faire agréer par le Ministre des Finances, sous peine de se
voir retirer l'autorisation dont elles jouissent. — Toute Compagnie qui, à l'avenir, sera autorisée à faire coter ses titres en
France, devra également faire agréer par le Ministre des Finances un représentant responsable. (Voir à la fin de l'ouvrage le modèle d'engagement de Représentant responsable).

Déclaration du nombre d'actions et d'obligations. — Les
Sociétés, Compagnies et Entreprises mentionnées aux deux
paragraphes précédents, remettront au Ministre des Finances,
une déclaration indiquant le nombre de leurs actions et obligations qui devra servir de base à l'impôt. — Ce nombre sera
fixé par le Ministre des Finances.

*Taxe annuelle et obligatoire sans distinction entre les
titres nominatifs et les titres au porteur.* — Ces Sociétés,
Compagnies et Entreprises payeront, pour leurs actions et
obligations soumises à l'impôt, une taxe annuelle et obligatoire de.... centimes (20 cent., loi du 29 juin 1872, art. 3, précité) par 100 francs, conformément au § 2 de l'art. 6 de la loi
du 23 juin 1857, sans faire aucune distinction entre les titres
nominatifs et les titres au porteur. (Voir cet article, 1ʳᵉ section,
— *Valeurs françaises.* — *Droit de transmission,* chapitre 2,
page 15).

Epoques de paiement. — *Fixation du cours moyen.* —
Valeurs étrangères. — Les dispositions des art. 5 et 7 du présent règlement, relatives aux époques du paiement et à la
fixation du cours moyen, seront applicables aux valeurs étrangères. (Voir ces art. 5 et 7 ci-après indiqués, 1ʳᵉ section. —
Valeurs françaises. — *Droit de transmission,* chapitre 2,
page 19).

 Art. 5. *Acquittement de la taxe sur les titres au porteur
et ceux dont la transmission peut s'opérer sans un transfert sur les registres de la Société. — Dépôt d'états distincts des actions et des obligations. — Cours moyen des*

titres cotés. — Titres non cotés. — Délai de paiement de la taxe. — Compagnies créées après l'ouverture d'un trimestre.

Art. 7. Cours moyen des titres au porteur (Calcul du). — Cours moyen des valeurs cotées.

Même décret. — Art. 9. Communication aux préposés de l'enregistrement des registres à souche et des registres de transferts et conversions.

Loi du 23 août 1871. — Art. 22. Communication de pièces à faire par les Sociétés pour l'exécution des lois sur le timbre.

(Voir ces deux articles à la 1ʳᵉ section. — Valeurs françaises. — Droit de transmission, chapitre 2, page 20).

Art. 12. *Contraventions. — Article applicable aux Sociétés étrangères.* — En cas d'infraction aux dispositions du présent règlement, ou de retard, soit dans le paiement des droits, soit dans les dépôts des états, relevés, et déclarations prescrits par les articles précédents, les Sociétés, Compagnies et Entreprises, seront passibles de l'amende prononcée par l'art. 10 de la loi du 23 juin 1857. (Voir cet art. 10, 1ʳᵉ section. — *Valeurs françaises. — Droit de transmission,* chapitre 2, page 17. — 100 fr. à 5.000 fr. d'amende), sans préjudice des peines portées par l'art. 39 de la loi du 22 frimaire an VII, pour omission ou insuffisance de déclaration. — (Voir cet art. 39, 1ʳᵉ section. *Valeurs françaises. — Droit de transmission,* chapitre 2, page 17.) — En cas d'omission ou d'insuffisance dans les états, relevés et déclarations, la preuve en sera faite comme en matière d'enregistrement.

Les dispositions du présent article seront applicables aux Sociétés, Compagnies ou Entreprises étrangères et à leurs représentants.

Articles précédents de ce décret : Art. 1ᵉʳ. Déclaration à faire au bureau de l'enregistrement, délai de la déclaration, modification dans la constitution sociale.

Art. 2. Acquittement des droits, bureau, délais, relevés de transferts et conversions, délai de la remise.

Art. 3. Valeur des actions et obligations converties.

Art. 4. Transferts à titre de garantie.

Art. 5. (Désigné ci-dessus)

Art. 6. États, relevés et déclarations certifiés véritables.
Art. 7. (Désigné ci-dessus).
Art. 8. Titres au porteur de Sociétés nouvellement créées.
Art. 9. (Désigné ci-dessus).
(Voir ces articles, section Iʳᵉ, valeurs françaises, chapitre 2, *droit de transmission*, pages 17, 18, 19 et 20).

DÉCRET DU 24 MAI 1872.
Portant règlement d'administration publique.

Article 1ᵉʳ. *Nombre de titres à fixer par le Ministre des Finances sur l'avis d'une commission.* — Le nombre des titres qui doit, en vertu de l'article 10 du décret du 17 juillet 1857, servir de base à la perception des droits de transmission établis par les lois ci-dessus mentionnées (loi du 23 juin 1857), sur les actions et obligations des Sociétés étrangères, est fixé par le Ministre des Finances, sur l'avis préalable d'une commission composée ainsi qu'il suit : Le Président de la section des finances au Conseil d'État, Président ; le Directeur général de l'enregistrement, des domaines et du timbre ; le Directeur du mouvement général des fonds ; un Régent de la Banque de France ; le syndic des agents de change de Paris ; la commission désigne son secrétaire qui a voix consultative.

Art. 2. *Minimum du nombre.* — Le nombre des titres assujettis aux droits de transmission ne peut être inférieur, pour les actions, à un dixième, et pour les obligations, à deux dixièmes du capital.

Art. 3. *Révision triennale du nombre.* — Le nombre de titres fixé par le Ministre des Finances, conformément aux articles qui précèdent, peut être révisé tous les trois ans. S'il n'y a pas lieu à révision, la fixation précédente sert de base pour une nouvelle période de trois ans. — S'il y a lieu à révision, elle est effectuée dans le trimestre qui précède l'échéance de la troisième année et sert de base pour une nouvelle période de trois ans.

Non acquittement des droits. — Radiation de la cote. — Responsabilité du représentant. — A défaut par les Sociétés, Compagnies et Entreprises d'acquitter les droits, les titres sont rayés de la cote. Néanmoins le représentant établi en France, conformément à l'article 19 (ci-dessus) du décret du 17 juillet 1857, reste responsable des droits jusqu'à l'époque à laquelle les titres auront cessé d'être cotés.

MODÈLE

De relevé de conversions et transferts et d'état de situation trimestrielle. (Voir à la fin de l'ouvrage).

DEUXIÈME PARTIE.

Villes, provinces, corporations étrangères, établissements publics étrangers.

CHAPITRE PREMIER.

Droit de timbre. — Visa pour timbre.

LOI DU 30 MARS 1872.

Art. 1ᵉʳ. *Droit de timbre.* — Les titres émis par les villes, provinces et corporations étrangères, quelle que soit leur dénomination, et par tout autre établissement public étranger, seront soumis à des droits équivalents à ceux qui sont établis par la présente loi (droit de transmission) et par celle du 5 juin 1850 sur le timbre. Ils ne pourront être cotés ou négociés en France qu'en se soumettant à l'acquittement de ces droits.

Voir la loi ci-après à la section 1ʳᵉ. *Valeurs françaises.* — *Droit d'abonnement.* Chap. 1ᵉʳ, page 7).

> Loi du 5 juin 1850, art. 14. ACTIONS. — *Droit proportionnel sur le capital nominal. — Capital réel. — Avance du droit. — Valeurs de 20 francs en 20 francs.*
>
> Art. 16. *Apposition du timbre. — Communication du registre à souche.— Représentation de titres, livres, etc., pour l'exécution des lois sur le timbre. (Loi du 23 août 1871, art. 22).*

Art. 17. *Titre renouvelé ou transféré.*

Art. 18. *Contraventions aux art. 14 et 16.*

Art. 19. *Titre non timbré cédé ou transféré. — Agent de change ou courtier.*

Art. 20. *Titres délivrés antérieurement au 1ᵉʳ janvier 1851. — Insertion au* Moniteur.

Art. 21. *Renouvellement des titres énoncés en l'art.* 20.

Art. 22. *Droits d'abonnement.— Annualité et quotité du droit. — Capital nominal. — Capital réel. — Lieu et date du paiement du droit. — Abonnement : application des art.* 16 *et* 18. *— Règlement d'administration publique.*

Art. 23. *Contraventions aux dispositions du règlement.*

Art. 24. *Sociétés en liquidation. — Sociétés improductives. — Dispense du droit.*

Art. 25. *Cessions d'actions faites en conformité de l'art.* 1690 *du Code civil.*

Art. 26. *Renouvellement d'une Société.*

Art. 27. Obligations négociables des départements, communes, établissements publics et compagnies. — *Timbre proportionnel sur le montant des titres.— Avances du droit.— Valeurs de* 20 *francs en* 20 *francs.— Décimes.*

Art. 28. *Registres à souche. — Communication des registres.*

Art. 29. *Contraventions aux art.* 27 *et* 28.

Art. 30. *Délai pour l'acquittement du droit au moment de la promulgation de la loi.*

Art. 31. *Droit d'abonnement. — Annualité et quotité du droit.— Délai et lieu de paiement.— Abonnement : application des art.* 22 *et* 28. *— Décimes.*

Art. 32. *Articles applicables aux titres compris en l'art.* 27.

Règlement d'administration publique. — Un réglement d'administration publique (ci-après) fixera pour ces titres le mode d'établissement et de perception de l'impôt, dont l'assiette pourra reposer sur une quotité déterminée du capital.

Art. 3. *Deux décimes.* — Les deux décimes ajoutés au principal des droits de timbre de toute nature par l'art. 2 de la loi du 23 août 1871 sont applicables aux taxes d'abonnement exigibles depuis la mise à exécution de cette loi, quelle que soit d'ailleurs l'époque à laquelle l'abonnement a été contracté.

> Loi du 23 août 1871, art. 2. — Il est ajouté deux décimes au principal des droits de timbre de toute nature.

DÉCRET DU 28 MARS 1868.

Art. 1er. *Sociétés improductives, dispenses de droit, justification.* (Voir 2e section, valeurs étrangères, 1re partie, chapitre 1er. — *Droit d'abonnement,* page 31).

DÉCRET DU 24 MAI 1872.
Portant règlement d'administration publique.

Art. 1er. *Nombre de titres fixés par le Ministre des Finances sur l'avis d'une Commission. Représentant responsable.*

Art. 2. *Minimum du nombre.*

Art. 3. *Révision triennale du nombre.— Défaut d'acquittement de la taxe. — Révision de la cote. — Responsabilité du représentant.* (Voir ces trois articles, section 2e, 1re partie. *Valeurs étrangères,* chap. 1er. *Droit d'abonnement,* page 32).

Art. 4. *Fixation et perception des droits de timbres.* — Les droits de timbre et de transmission dûs en vertu de l'article 1er de la loi du 30 mars 1872, pour les titres émis par les villes, provinces, corporations étrangères et par tous autres établissements publics étrangers, sont fixés et perçus conformément aux dispositions du présent réglement et du réglement d'administration publique du 17 juillet 1857. (Voir ce décret 1re section. *Valeurs françaises,* chap. 2. *Droit de transmission,* pages 17, 18, 19 et 20).

> Décret du 17 juillet 1857, art. 1er. Déclaration à faire au Bureau de l'Enregistrement, délai de la déclaration, modification dans la constitution sociale.
>
> Art. 2. Acquittement des droits, bureaux, délais, relevé des transferts et conversions, délai de la remise.
>
> Art. 3. Valeurs des actions et obligations converties.
>
> Art. 4. Transferts à titre de garantie.
>
> Art. 5. Acquittement de la taxe établie sur les titres au

porteur et ceux dont la transmission peut s'opérer sans un transfert sur les registres de la Société, dépôt d'états distincts des actions et des obligations, cours moyen des titres cotés, titres non cotés, délai de payement de la taxe, compagnies créées après l'ouverture d'un trimestre.

Art. 6. Etats, relevés et déclarations certifiés véritables.

Art. 7. Cours moyen (Calcul du) des titres au porteur, cours moyen des valeurs cotées.

Art. 8. Titres au porteur des Sociétés nouvellement formées.

Art. 9. Communication aux préposés de l'enregistrement des registres à souche et des registres des transferts et des conversions. — Communication des pièces à faire par les Sociétés pour l'exécution des lois sur le timbre. (L. 23 août 1871, art. 22.

Modèle de déclaration pour le visa pour timbre. (Voir à la fin de l'ouvrage). Des formules de déclarations sont fournies par l'Administration.

CHAPITRE II.

Enregistrement. — Droit de transmission.

LOI DU 30 MARS 1872.

Art. 1ᵉʳ. *Titres au porteur.* — *Tarif.* — A dater du 1ᵉʳ avril 1872, le droit de transmission de.... centimes sur les titres au porteur de toute nature, établi par la loi du 23 juin 1857 est fixé à.... centimes annuellement. (20 centimes, sans addition de décimes. L. 29 juin 1872, art. 3, 3ᵉ alinéa).

Loi 29 juin 1872, art. 3. — A partir de la promulgation de la présente loi, le taux des droits et taxe établis par la loi du 23 juin 1857, et par celles des 16 septembre 1871 et 30 mars 1872, est réduit ainsi qu'il suit, savoir : à 50 centimes par 100 francs pour la transmission ou la conversion des titres nominatifs ; — à 20 centimes par 100 francs pour la taxe à laquelle sont assujettis les titres au porteur. Ces droits et taxe ne sont pas soumis aux décimes.

Titres nominatifs. — Valeur négociée. — Ce droit, ainsi que celui de … centimes sur la transmission des titres nominatifs, établis par l'article 11 de la loi du 16 septembre 1871 (et par la loi du 29 juin 1872, art. 3), seront perçus, à l'avenir, sur la valeur négociée, déduction faite des versements restant à faire sur les titres non entièrement libérés.

Villes, Provinces, etc. — Les titres émis par les Villes, Provinces et Corporations étrangères, quelle que soit leur dénomination, et par tout autre Etablissement public étranger, seront soumis à des droits équivalents à ceux qui sont établis par la présente loi. Ils ne pourront être cotés ou négociés en France qu'en se soumettant à l'acquittement de ces droits.

Règlement d'administration publique. — Un règlement d'administration publique fixera pour ces titres le mode d'établissement et de perception de l'impôt, dont l'assiette pourra reposer sur une quotité déterminée du capital.

DÉCRET DU 24 MAI 1872

Portant règlement d'administration publique.

(Voir 2ᵉ section. *Valeurs étrangères. —* 1ʳᵉ partie. — Chapitre 2. *— Droits de transmission*, page 37).

Art. 1ᵉʳ. *— Nombres de titres à fixer par le Ministre des Finances sur l'avis d'une Commission, conformément à l'art. 10 du décret du 17 juillet 1857).*

Décret du 10 juillet 1857. (Voir à la même section 2ᵉ, 1ʳᵉ partie, chapitre 2. page 34.)

Art. 10. *Exécution de l'article 9 de la loi. — Déclaration du nombre d'actions et d'obligations. — Taxe annuelle et obligatoire sans distinction entre les titres nominatifs et les titres au porteur. — Epoques des payements. — Fixation du cours moyen des valeurs étrangères. — Rappel par ledit article 10 des articles 5 et 7 ci-dessous mentionnés.*

Art. 2. *Minimum du nombre.*

Art. 3. *Révision triennale du nombre. — Non acquittement des droits. — Radiation de la cote.*

Art. 4. *Fixation et perception des droits.* — Les droits de timbre et de transmission dûs en vertu de l'article 1ᵉʳ de la loi du 30 mars 1872, pour les titres émis par les Villes, Provinces, Corporations étrangères et par tous autres Etablissements publics étrangers, sont fixés et perçus conformément aux dispositions du règlement d'administration publique du 17 juillet 1857 et à celles du présent règlement.

Décret du 17 juillet 1857 (Voir 1ʳᵉ section, *Valeurs françaises*, chapitre 2, *Droit de transmission*, pages 17, 18, 19 et 20.)

Art. 1ᵉʳ. Déclaration à faire au bureau de l'enregistrement, délai de la déclaration, modifications dans la constitution sociale.

Art. 2. Acquittement des droits, bureau, délai, relevé des transferts et des conversions.

Art. 3. Valeur des actions et obligations converties.

Art. 4. Transfert à titre de garantie.

Art. 5. Acquittement de la taxe établie sur les titres au porteur et ceux dont la transmission peut s'opérer sans un transfert sur les registres de la Société, dépôt d'états distincts des actions et des obligations, cours moyen des titres cotés, titres cotés, déclaration estimative, délai de payement de la taxe. — Compagnies créées après l'ouverture d'un trimestre.

Art. 6. Etats, relevés et déclarations certifiés véritables.

Art. 7. Cours moyen (Calcul du) des titres au porteur. — Cours moyen des valeurs cotées.

Art. 8. Titres au porteur de Sociétés nouvellement créées.

Art. 9. *Communication aux préposés de l'enregistrement des registres à souche et des registres de transferts et conversions. — L. 23 août 1871, art. 22. Communication de pièces par les Sociétés pour l'exécution des lois sur le timbre.*

Art. 10. (Sus-mentionné).

Art. 12. *Contraventions.*

MODÈLE

de relevé de conversions et transferts et d'états de situations trimestrielles. (Voir à la fin de l'ouvrage.)

TROISIÈME PARTIE.

Conditions de la publicité en France des titres étrangers autres que les fonds d'État.

CHAPITRE UNIQUE.

Emission, souscription, négociation, exposition en vente et énonciation dans les actes.

LOI DU 30 MARS 1872.

Art. 2. *Titres non admis à la cote ou non timbrés.* — Nul ne peut négocier, exposer en vente ou énoncer dans des actes de prêt, de dépôt, de nantissement ou dans tout autre acte ou écrit, à l'exception des inventaires, des titres étrangers qui n'auraient pas été admis à la cote ou qui n'auraient pas été dûment timbrés.

Enonciation. — Titres non coté. — Visa pour timbre. — Tout acte, soit public, soit sous seing privé qui énoncera un... ou tout autre titre étranger non coté aux bourses françaises, devra indiquer la date et le numéro du visa pour timbre apposé sur ce titre, ainsi que le montant du droit payé.

Contravention. — Amende. — Chaque contravention à ces dispositions pourra être constatée, dans tous les lieux ouverts au public, par les agents qui ont qualité pour verbaliser en matière de timbre ; elle sera punie d'une amende de cinq pour cent de la valeur nominale des titres qui seront négociés, exposés en vente, énoncés dans des actes ou dont il aura été fait usage. — En aucun cas, l'amende ne pourra être inférieure à 50 francs.

Loi du 13 brumaire, an VII, art. 31. — *Procès-verbaux.* — Les préposés de la régie sont autorisés à retenir les actes, registres ou effets en contravention à la loi du timbre, qui leur seront présentés, pour les joindre aux procès-verbaux qu'ils en rapporteront, à moins que les contrevenants ne consentent à signer lesdits procès-verbaux, ou à acquitter sur-le-champ l'amende encourue et le droit de timbre.

Art. 32. *Refus des contrevenants.* — En cas de refus, de la part des contrevenants, de satisfaire aux dispositions de l'article précédent, les préposés de la régie leur feront signifier, dans les trois jours, les procès-verbaux qu'ils auront rapportés, avec assignation devant le tribunal civil de l'arrondissement. — L'instruction se fera ensuite sur simples mémoires respectivement signifiés. — Les jugements définitifs qui interviendront seront sans appel. — *Nota.* Cet article a été modifié ainsi qu'il suit :

Loi du 28 avril 1816, art. 76. — Le recouvrement des droits de timbre sera poursuivi par voie de contrainte ; et, en cas d'opposition, les instances seront instruites et jugées selon les formes prescrites par les lois des 22 frimaire an VII, et 27 ventôse, an IX, sur l'enregistrement.

(Voir art. 63, 64 et 65, de la loi du 22 frimaire an VII, sur les poursuites et instances, 1re section, *Valeurs françaises*, chap. III. Taxe sur le revenu, page 23).

Loi du 27 ventôse an IX, art. 17. — L'instruction des instances que la régie aura à suivre pour toutes les perceptions qui lui sont confiées, se fera par simples mémoires respectivement signifiés, sans plaidoiries. — Les parties ne seront point obligées d'employer le ministère des avoués.

Solidarité. — Toutes les parties sont solidaires pour le recouvrement des droits et amendes.

Loi du 28 avril 1816, art. 75. — Seront solidaires pour les droits de timbre et amendes : tous les signataires pour les actes synallagmatiques ; — les prêteurs et les emprunteurs, *pour les obligations* ; — les créanciers et les débiteurs pour les quittances ; — les officiers ministériels qui auront reçu ou rédigé des actes énonçant des actes ou livres non timbrés.

Art. 76. En cas de décès des contrevenants, les droits et amendes seront dûs par leurs successeurs, et jouiront, soit dans leurs successions, soit dans les faillites ou tous autres cas du privilége des contributions directes.

Loi du 12 novembre 1808, art. 1er. — *Privilége du Trésor*

public. — Le privilége du Trésor public pour le recouvrement des contributions directes est réglé ainsi qu'il suit, et s'exerce avant tout autre : 1º Pour la contribution foncière de l'année échue et de l'année courante, sur les récoltes, fruits, loyers et revenus des biens immeubles, sujets à la contribution ; 2º pour l'année échue et l'année courante des contributions mobilière, des portes et fenêtres, des patentes, et toute autre contribution directe et personnelle, sur tous les meubles et autres effets mobiliers appartenant aux redevables, en quelque lieu qu'ils se trouvent.

Officier public ou ministériel. — Une amende de 50 francs sera encourue personnellement par tout officier public ou ministériel qui aura contrevenu aux dispositions qui précèdent.

LOI DU 5 JUIN 1850.

Art. 49. *Énonciation dans les actes de titres assujettis au timbre.* — Lorsqu'un effet, certificat d'action, titre, livre, bordereau, police d'assurance, ou tout autre acte sujet au timbre et non enregistré, sera mentionné dans un acte public, judiciaire ou extrajudiciaire, et ne devra pas être représenté au receveur lors de l'enregistrement de cet acte, l'officier public ou officier ministériel sera tenu de déclarer expressément dans l'acte, si le titre est revêtu du timbre prescrit, et d'énoncer le montant du droit de timbre payé. En cas d'omission, les notaires, avoués, greffiers, huissiers et tous autres officiers publics seront passibles d'une amende de 10 francs pour chaque contravention (Amende portée à 50 francs par la loi du 30 mars 1872 ci-dessus).

Loi du 13 brumaire an VII, art. 24. — Il est fait défense aux notaires, huissiers, greffiers, arbitres et experts d'agir, aux juges de prononcer aucun jugement, et aux administrations publiques de prendre aucun arrêté, sur un acte, registre ou effet de commerce non écrit sur du papier timbré du timbre prescrit ou non visé pour timbre.

LOI DU 29 MAI 1872.

Art. 4. §2. — Les titres étrangers ne pourront être cotés,

négociés, exposés en vente ou émis en France qu'en se soumettant à l'acquittement de cette taxe (taxe sur le revenu), ainsi que des droits de timbre et de transmission.

DÉCRET DU 6 DÉCEMBRE 1872.

Art. 4. *Emission ou souscription de titres étrangers. — Représentant responsable.* — Aucune émission ou souscription de titres étrangers ne peut avoir lieu en France qu'après qu'un représentant responsable a été agréé par le Ministre des Finances. Dans le mois qui suit la clôture de l'émission ou de la souscription, le Ministre des Finances détermine le nombre des titres qui doivent servir de base à la perception des droits de timbre et de transmission, ainsi qu'à l'assiette de la taxe sur le revenu. Ce nombre est fixé conformément aux dispositions des règlements d'administration publique des 17 juillet 1857 et 24 mai 1872.

Décret du 17 juillet 1857, art. 10. — *Exécution de l'article 9 de la loi du 23 juin 1857. — Déclaration du nombre d'actions et obligations. — Epoque de payement. — Fixation du cours moyen. — Valeurs étrangères. — Application des articles 5 et 7 dudit décret* (ci-après) *aux valeurs étrangères.*

Art. 5. *Acquittement de la taxe sur les titres au porteur et ceux dont la transmission peut s'opérer sans un transfert sur les registres de la Société. — Cours moyen des titres cotés. — Titres non cotés. — Compagnies créées après l'ouverture d'un trimestre.*

Art. 7. *Cours moyen des titres au porteur (Calcul du). — Cours moyen des valeurs cotées.*

(Voir ce décret à la section 2ᵉ. *Valeurs étrangères.* — 1ʳᵉ partie. — Chapitre 2. — *Droit de transmission,* page 34).

Décret du 24 mai 1872. Art. 1ᵉ. — Nombre de titres à fixer par le Ministre sur l'avis d'une Commission.

Art. 2. Minimum du nombre.

Art. 3. Révision triennale du nombre. — Non acquittement du droit. — Réduction de la cote.

(Voir à la 2ᵉ section. *Valeurs étrangères.* — Première partie. — Chapitre 2. — *Droit de transmission,* page 37.)

QUATRIÈME PARTIE.

Titres de rentes, Emprunts et autres Effets publics des Gouvernements étrangers.

CHAPITRE PREMIER.

Droit de Timbre. — Visa pour timbre.

LOI DU 13 MAI 1863.

Art. 6. *Droit de timbre. — Valeur nominale.* — A dater du 1er juillet 1863, sont soumis à un droit de timbre de ... centimes par 100 francs ou fraction de 100 francs (voir plus bas le tarif), du montant de leur valeur nominale, les titres de rentes, emprunts et autres effets publics des Gouvernements étrangers, quelle qu'ait été l'époque de leur création.

Evaluation des Monnaies étrangères. — La valeur des monnaies étrangères en monnaies françaises sera fixée annuellement par un décret.

Art. 7. *Contravention.* — Aucune transmission des titres énoncés en l'article précédent ne peut avoir lieu avant que ces titres aient acquitté le droit de timbre. En cas de contravention, le propriétaire du titre et l'agent de change ou tout autre officier public qui aura concouru à la transmission, seront passibles chacun d'une amende de dix pour cent de la valeur nominale de ce titre.

Art. 8. *Acquittement de droit.* — L'acquittement du droit de timbre établi par la présente loi sera constaté, soit au moyen du visa pour timbre, soit...

(NOTA. — Le règlement d'administration qui devait créer des timbres mobiles n'a pas été fait. Le payement de l'impôt est constaté par une mention de *visa pour timbre* ainsi qu'on le verra ci-après. Loi du 30 mars 1872, art. 2, § 2).

> Loi du 30 mars 1872, art, 2, § 2. Tout acte, soit public, soit sous seing privé, qui énoncera un titre de rente ou un effet public d'un Gouvernement étranger, ou tout autre titre étranger non coté aux bourses françaises, devra indiquer la date et le numéro du *visa pour timbre* apposé sur ce titre, ainsi que le montant du droit payé.
>
> Art. 2, § 3 et suivants. *Contraventions. — Amendes. —* Loi du 7 brumaire, an VII : Procès-verbaux ; L. 28 avril 1816 : Recouvrements des droits ; L. 27 ventôse, an IX : Instruction des instances ; *Solidarité* : L. du 28 avril 1816 ; Officier public ou ministériel, Énonciation dans les actes des titres assujettis aux timbres, etc. ; L. 5 juin 1850 et L. 13 brumaire, an VII. (Voir 2e section, 3ᵉ partie, *conditions de publicité des titres étrangers autres que les fonds d'État*, pages 44, 45 et 46.)

LOI DU 25 MAI 1872.

Art. 1. *Tarif.* — Le droit de timbre établi par les lois des 13 mai 1863 et 8 juin 1864 sur les titres de rentes, emprunts et tous autres effets publics des Gouvernements étrangers, est fixé, à l'avenir, ainsi qu'il suit, savoir : à 75 centimes pour chaque titre de 500 fr. et au-dessous ; à 1 fr. 50 pour chaque titre de 500 fr. jusqu'à 1,000 fr. ; à 3 fr. pour chaque titre au-dessus de 1,000 fr. jusqu'à 2,000 fr. et ainsi de suite, à raison de 1 fr. 50 c. par 1,000 fr. ou fraction de 1,000 fr.

Décimes. — Ce droit n'est pas assujetti aux deux décimes.

Valeur nominale. — Il est perçu sur la valeur nominale du titre.

CHAPITRE II.

Conditions de publicité. — Emission. — Souscription, et Enonciation dans les actes des titres de rentes, emprunts et autres effets publics des Gouvernements étrangers.

LOI DU 30 MARS 1872.

Art. 2, § 2. — Enonciation dans les actes. (Voir ci-dessus, page 49).

Art. 2, § 3 et suivants. — Contraventions, amendes, solidarité, officier public ou ministériel. (Voir page 49 et pages 44, 45 et 46).

LOI DU 25 MAI 1872.

Art. 2. *Déclaration d'émissions ou souscriptions. — Lieu de la déclaration.* — Aucune émission ou souscription de titres de rentes ou effets publics des gouvernements étrangers ne peut être annoncée, publiée ou effectuée en France, sans qu'il ait été fait, dix jours à l'avance, au bureau de l'enregistrement de la résidence, une déclaration, dont la date est mentionnée dans l'avis ou annonce.

Remise des titres ou des certificats provisoires. — Les titres ou les certificats provisoires de titre souscrits ou émis en France ne peuvent être remis aux souscripteurs en personne sans avoir préalablement acquitté les droits de timbres fixés par l'article précédent. — Si le droit a été payé sur le certificat provisoire, le titre définitif correspondant sera timbré sans frais sur la représentation de ce certificat.

Art. 3. *Contraventions* (Constatation des). — *Amendes.* — Chaque contravention aux dispositions des paragraphes 1ᵉʳ et 2 de l'article précédent pourra être constatée dans les formes et conditions indiquées au 3ᵉ paragraphe de l'article 2 de la loi du 30 mars 1872.

Loi du 30 mars 1872, art. 2, § 3. — Chaque contravention à ces dispositions pourra être constatée, dans tous les lieux ouverts au public, par les agents qui ont qualité pour verbaliser en matière de timbre ; elle sera punie d'une amende de cinq pour cent de la valeur nominale des titres qui seront négociés, exposés en vente, énoncés dans des actes, ou dont il aura été fait usage.

Elle sera également punie d'une amende de cinq pour cent de la valeur nominale des titres annoncés ou émis, sans que cette amende puisse être inférieure à 50 fr. — L'amende est due personnellement et sans recours par celui qui a fait des annonces sans déclaration préalable, qui a émis ou qui a servi d'intermédiaire pour l'émission ou la souscription des titres non timbrés. La même amende sera exigible à raison d'émissions de souscriptions faites sans déclaration préalable. — Le souscripteur ou le preneur de titres non timbrés est tenu solidairement de l'amende, sauf son recours contre celui qui a ouvert les souscriptions ou émis les titres.

MODÈLE
de déclaration pour visa pour timbre (Voir à la fin de l'ouvrage).

Les formules de déclarations sont fournies par l'administration.

CINQUIÈME PARTIE.

Impôt direct. — Taxe sur le revenu des valeurs étrangères autres que les fonds d'Etat.

LOI DU 29 JUIN 1872.

Art. 4. *Taxe annuelle et obligatoire.* — Les actions, obligations, titres d'emprunts, quelle que soit d'ailleurs leur dénomination, des Sociétés, Compagnies, Entreprises, Corporations, Villes, Provinces étrangères, ainsi que de tout autre établissement public étranger, sont soumis à une taxe équivalente à celle qui est établie par la présente loi sur le revenu des valeurs françaises.

(Voir les articles 1, 2 et 3 de la loi à la 1re section. *Valeurs françaises. — Chapitre 3. — Taxe sur le revenu*, page 22).

Art. 1er. — *Taxe annuelle et obligatoire. — Actions. — Obligations. — Commandites simples.*

Art. 2. — *Détermination du revenu. — Actions, obligations. — Commandites simples. — Lieu et date du dépôt des comptes-rendus et des extraits des délibérations.*

Art. 3. — *Quotité de la taxe. — Avance du droit.*

Non acquittement de la taxe. — Refus de cote. — Les titres étrangers ne pourront être cotés, négociés, exposés en vente ou émis en France qu'en se soumettant à l'acquittement de cette taxe (ainsi que des droits de timbre et de transmission).

Règlement d'administration publique. — Un règlement d'administration publique fixera le mode d'établissement et de perception de ce droit dont l'assiette pourra reposer sur une quotité déterminée du capital social. — Le même règlement déterminera les époques de payement de la taxe, ainsi que de toutes les autres mesures nécessaires pour l'exécution de la présente loi.

Art. 5. *Contraventions.—* Chaque contravention aux dispositions qui précèdent et à celles du règlement d'administration publique qui sera fait pour leur exécution, sera punie conformément à l'article 10 de la loi du 23 juin 1857 (100 à 5.000 fr.). (Voir cet article à la section 2e, *Valeurs étrangères,* première partie, chapitre 1er. *Droit d'abonnement*, page 27).

Recouvrement et instances. — Le recouvrement de la taxe sur le revenu sera suivi, et les instances seront introduites et jugées comme en matière d'enregistrement.

L. 22 frimaire, an VII, art. 63. *Solution des difficultés avant les instances.*

Art. 64. *Premier acte de poursuite. — Contrainte.*

Art. 65. *Introduction et instruction des instances.*

(Voir ces articles à la 1re section, *Valeurs françaises*, chapitre 3, taxe sur le revenu, page 23).

DÉCRET DU 6 DÉCEMBRE 1872
Portant règlement d'administration publique.

Article 1er. *Avances et lieu du payement du droit. — Payements en quatre termes. — Obligations à revenu fixe. — Actions, parts d'intérêt, commandites, emprunts à revenu variable. — Liquidation définitive de la taxe.*

Art. 2. *Fixation des termes de payement. — Date de la liquidation définitive pour les Sociétés assujetties à des comptes-rendus ou à des délibérations. — Idem, pour les Sociétés non assujetties à prendre des délibérations.*

(Voir ces articles à la section 1re. *Valeurs françaises*, chapitre 3, *taxe sur les revenus*, page 24).

Art. 3. *Application des articles 1 et 2 du décret.* — Toutes les dispositions des deux articles précédents sont applicables aux Sociétés, Compagnies, Entreprises, Corporations, Villes, Provinces étrangères, ainsi qu'à tous autres établissements publics étrangers dont les titres sont cotés ou circulent en France, ou qui ont pour objets des biens soit mobiliers, soit immobiliers situés en France.

Assiette de la taxe. — Titres cotés. — La taxe sur le revenu, pour les titres cotés à la Bourse ou émis en France, est assise sur la même base que les droits de timbre et de transmission ; elle est déterminée en la forme prévue au règlement d'administration publique du 24 mai 1872.

Décret du 24 mai 1872, art. 1er. *Nombre des titres à fixer par le Ministre des Finances sur l'avis d'une Commission.*

Art. 2. *Minimum du nombre.*

Art. 3. *Révision triennale du nombre. — Non acquittement des droits. — Radiation de la cote.*

(Voir ce décret à la section 2°, première partie. *Valeurs étrangères*, chapitre 2. — *Droit de transmission*, page 37).

Assiette de la taxe. — Titres non cotés. — Les Sociétés, Compagnies et Entreprises étrangères dont les titres ne sont pas cotés, mais qui ont pour objet des biens meubles ou immeubles situés en France, doivent la taxe sur le revenu, à raison des valeurs françaises qui en dépendent, et acquittent cette taxe d'après une quotité du capital social fixée par le Ministre des Finances, sur l'avis préalable de la Commission instituée par le règlement ci-dessus indiqué. Elles doivent, à cet effet, faire agréer par le Ministre des Finances, avant le 1ᵉʳ décembre 1872, si elles existent actuellement, et, dans le cas contraire, avant toute opération en France, un représentant français personnellement responsable des droits et amendes.

LOI DU 24 JUILLET 1867

SUR LES SOCIÉTÉS.

TITRE PREMIER.

Des Sociétés en commandite par actions.

Art. 1er. *Division du capital. — Conditions de la Constitution définitive.* — Les Sociétés en Commandite ne peuvent diviser leur capital en actions ou coupons d'actions de moins de cent francs, lorsque ce capital n'excède pas deux cent mille francs, et de moins de cinq cents francs, lorsqu'il est supérieur.

Elles ne peuvent être définitivement constituées qu'après la souscription de la totalité du capital social et le versement, par chaque actionnaire, du quart au moins du montant des actions par lui souscrites.

Cette souscription et ces versements sont constatés par une déclaration du gérant dans un acte notarié.

A cette déclaration sont annexés la liste des souscripteurs, l'état des versements effectués, l'un des doubles de l'acte de Société, s'il est sous seing privé, et une expédition, s'il est notarié et s'il a été passé devant un notaire autre que celui qui a reçu la déclaration.

L'acte sous seing privé, quel que soit le nombre des associés, sera fait en double original, dont l'un sera annexé, comme il est dit au paragraphe qui précède, à la déclaration de souscription du capital et de versement du quart, et l'autre restera déposé au siége social.

Art. 2. *Négociation des actions.* — Les actions ou coupons d'actions sont négociables après le versement du quart.

Art. 3. *Condition de conversion au porteur.* — Il peut être stipulé, mais seulement par les statuts constitutifs de la Société, que les actions ou coupons d'actions pourront, après avoir été libérés de moitié, être convertis en actions au porteur par délibération de l'assemblée générale.

Soit que les actions restent nominatives après cette délibération, soit qu'elles aient été converties en actions au porteur, les souscripteurs primitifs qui ont aliéné les actions et ceux auxquels ils les ont cédées avant le versement de moitié restent tenus au payement du montant de leurs actions pendant un délai de deux ans, à partir de la délibération de l'assemblée générale.

Art. 4. *Evaluation des apports non faits en numéraire.* — Lorsqu'un associé fait un apport qui ne consiste pas en numéraire, ou stipule à son profit des avantages particuliers, la première assemblée générale fait apprécier la valeur de l'apport ou la cause des avantages stipulés.

La Société n'est définitivement constituée qu'après l'approbation de l'apport ou des avantages, donnée par une autre assemblée générale, après une nouvelle convocation.

La seconde assemblée générale ne pourra statuer sur l'approbation de l'apport ou des avantages qu'après un rapport qui sera imprimé et tenu à la disposition des actionnaires, cinq jours au moins avant la réunion de cette assemblée.

Les délibérations sont prises par la majorité des actionnaires présents. Cette majorité doit comprendre le quart des actionnaires et représenter le quart du capital social en numéraire.

Les associés qui ont fait l'apport ou stipulé des avantages particuliers soumis à l'appréciation de l'assemblée n'ont pas voix délibérative.

A défaut d'approbation, la Société reste sans effet à l'égard de toutes les parties.

L'approbation ne fait pas obstacle à l'exercice ultérieur de l'action qui peut être intentée pour cause de dol ou de fraude.

Les dispositions du présent article relatives à la vérification de l'apport qui ne consiste pas en numéraire ne sont pas applicables au cas où la Société à laquelle est fait le dit apport est formée entre ceux seulement qui en étaient propriétaires par indivis.

Art. 5. *Conseil de surveillance.* — Un conseil de surveillance, composé de trois actionnaires au moins, est établi dans chaque Société en commandite par actions.

Ce conseil est nommé par l'assemblée générale des actionnaires immédiatement après la constitution définitive de la Société et avant toute opération sociale.

Il est soumis à la réélection aux époques et suivant les conditions déterminées par les statuts.

Toutefois, le premier conseil n'est nommé que pour une année.

Art. 6. *Vérifications à faire par le Conseil.* — Ce premier conseil doit, immédiatement après sa nomination, vérifier si toutes les dispositions contenues dans les articles qui précèdent ont été observées.

Art. 7. *Cas de nullité de la Société.* — Est nulle et de nul effet à l'égard des intéressés toute Société en commandite par actions constituée contrairement aux prescriptions des articles 1er, 2, 3, 4 et 5 de la présente loi.

Cette nullité ne peut être opposée aux tiers par les associés.

Art. 8. *Responsabilité en cas de nullité.* — Lorsque la Société est annulée, aux termes de l'article précédent, les membres du premier conseil de surveillance peuvent être déclarés responsables, avec le gérant, du dommage résultant, pour la Société ou pour les tiers, de l'annulation de la Société.

La même responsabilité peut être prononcée contre ceux des associés dont les apports ou les avantages n'auraient pas été vérifiés et approuvés conformément à l'article 4 ci-dessus.

Art. 9. *Responsabilité relative aux actes de gestion.* — Les membres du conseil de surveillance n'encourent aucune responsabilité en raison des actes de la gestion et de leurs résultats.

Chaque membre du conseil de surveillance est responsable de ses fautes personnelles, dans l'exécution de son mandat, conformément aux règles du droit commun.

Art. 10. *Attributions du Conseil de surveillance.* — Les membres du conseil de surveillance vérifient les livres, la caisse, le portefeuille et les valeurs de la Société.

Ils font, chaque année, à l'assemblée générale, un rapport dans lequel ils doivent signaler les irrégularités et inexactitudes qu'ils ont reconnues dans les inventaires, et constater, s'il y a lieu, les motifs qui s'opposent aux distributions des dividendes proposés par le gérant.

Aucune répétition de dividendes ne peut être exercée contre les actionnaires, si ce n'est dans le cas où la distribution en aura été faite en l'absence de tout inventaire ou en dehors des résultats constatés par l'inventaire.

L'action en répétition, dans le cas où elle est ouverte, se prescrit par cinq ans, à partir du jour fixé pour la distribution des dividendes.

Les prescriptions commencées à l'époque de la promulgation de la présente loi, et pour lesquelles il faudrait encore, suivant les lois anciennes, plus de cinq ans, à partir de la même époque, seront accomplies par ce laps de temps.

Art. 11. *Convocation d'assemblée générale.* — Le Conseil de surveillance peut convoquer l'Assemblée générale et, conformément à son avis, provoquer la dissolution de la Société.

Art. 12. *Communication aux actionnaires de l'inventaire, bilan et rapports.* — Quinze jours au moins avant la réunion de l'Assemblée générale, tout actionnaire peut prendre par lui ou par un fondé de pouvoir, au siége social, communication du bilan, des inventaires et du rapport du Conseil de surveillance.

Art. 13. *Émissions.* — *Contraventions.* — *Fraudes.* — *Amende.*—L'émission d'actions ou de coupons d'actions d'une Société constituée contrairement aux prescriptions des articles 1er, 2 et 3 de la présente loi, est punie d'une amende de cinq cents à dix mille francs.

Sont punis de la même peine :

Le gérant qui commence les opérations sociales avant l'entrée en fonctions du conseil de surveillance ;

Ceux qui, en se présentant comme propriétaires d'actions ou de coupons d'actions qui ne leur appartiennent pas, ont créé frauduleusement une majorité factice dans une Assemblée générale, sans préjudice de tous dommages-intérêts, s'il y a lieu, envers la société ou envers les tiers ;

Ceux qui ont remis les actions pour en faire l'usage frauduleux.

Dans les cas prévus par les deux paragraphes précédents, la peine de l'emprisonnement de quinze jours à six mois peut, en outre, être prononcée.

Art. 14. *Négociation. — Publication. — Contraventions.* — La négociation d'actions ou de coupons d'actions dont la valeur ou la forme serait contraire aux dispositions des articles 1er, 2 et 3 de la présente loi, ou pour lesquels le versement du quart n'aurait pas été effectué conformément à l'article 2 ci-dessus, est punie d'une amende de cinq cents à dix mille francs.

Sont punies de la même peine toute participation à ces négociations et toute publication de la valeur desdites actions.

Art. 15. *Peines correctionnelles ou criminelles.* — Sont punis des peines portées par l'article 405 du Code pénal, sans préjudice de l'application de cet article à tous les faits constitutifs du délit d'escroquerie :

1° Ceux qui, par simulation de souscriptions ou de versements ou par publication, faite de mauvaise foi, de souscriptions ou de versements qui n'existent pas, ou de tous autres faits faux, ont obtenu ou tenté d'obtenir des souscriptions ou des versements ;

2° Ceux qui, pour provoquer des souscriptions ou des versements, ont, de mauvaise foi, publié les noms de personnes désignées, contrairement à la vérité, comme étant ou devant être attachées à la société à un titre quelconque ;

3° Les gérants qui, en l'absence d'inventaires ou au moyen d'inventaires frauduleux, ont opéré entre les actionnaires la répartition de dividendes fictifs.

Les membres du conseil de surveillance ne sont pas civilement responsables des délits commis par le gérant.

Art. 16. *Application de l'article 463 du Code pénal.* — L'article 463 du Code pénal est applicable aux frais prévus par les trois articles qui précèdent.

Art. 17. *Action en justice collective ou individuelle contre les gérants.* — Des actionnaires représentant le vingtième au moins du capital social peuvent, dans un intérêt commun, charger à leurs frais un ou plusieurs mandataires de soutenir, tant en demandant qu'en défendant, une action contre les gérants ou contre les membres du conseil de surveillance, et de les représenter, en ce cas, en justice, sans préjudice de l'action que chaque actionnaire peut intenter individuellement en son nom personnel.

Art. 18. *Sociétés antérieures à la loi du 17 juillet 1856.* — *Conseil de surveillance.* — Les sociétés antérieures à la loi du 17 juillet 1856, et qui ne se seraient pas conformées à l'article 15 de cette loi, seront tenues, dans un délai de six mois, de constituer un conseil de surveillance, conformément aux dispositions qui précèdent.

A défaut de constitution du conseil de surveillance dans le délai ci-dessus fixé, chaque actionnaire a le droit de faire prononcer la dissolution de la société.

Art. 19. *Conversion des Sociétés en commandite par actions en Sociétés anonymes.* — Les sociétés en commandite par actions antérieures à la présente loi, dont les statuts permettent la transformation en société anonyme autorisée par le Gouvernement, pourront se convertir en société anonyme dans les termes déterminés par le titre II de la présente loi, en se conformant aux conditions stipulées dans les statuts pour la transformation.

Art. 20. Est abrogée la loi du 17 juillet 1856.

TITRE II.

Des Sociétés anonymes.

Art. 21. *Formation des Sociétés anonymes*. — A l'avenir, les sociétés anonymes pourront se former sans l'autorisation du Gouvernement.

Elles pourront, quel que soit le nombre des associés, être formées par un acte sous-seing privé fait en double original.

Elles seront soumises aux dispositions des articles 29, 30, 32, 33, 34 et 36 du Code de commerce et aux dispositions contenues dans le présent titre.

Art. 22. *Administration*. — Les Sociétés anonymes sont administrées par un ou plusieurs mandataires à temps, révocables, salariés ou gratuits, pris parmi les associés.

Ces mandataires peuvent choisir parmi eux un directeur, ou, si les statuts le permettent, se substituer un mandataire étranger à la Société et dont ils sont responsables envers elle.

Art. 23. *Minimum du nombre d'associés*. — La Société ne peut être constituée si le nombre des associés est inférieur à sept.

Art. 24. *Division de capital. — Négociation des actions. — Condition de la conversion au porteur. — Evaluation des apports non faits en numéraire. — Déclaration à faire par les fondateurs*. — Les dispositions des articles 1er, 2, 3 et 4 de la présente loi sont applicables aux Sociétés anonymes.

La déclaration imposée au gérant par l'article 1er est faite par les fondateurs de la Société anonyme ; elle est soumise, avec les pièces à l'appui, à la première assemblée générale, qui en vérifie la sincérité.

Art. 25. *Nomination des Administrateurs*. — Une assemblée générale est, dans tous les cas, convoquée, à la diligence des fondateurs, postérieurement à l'acte qui constate la souscription du capital social et le versement du quart du capital, qui consiste en numéraire. Cette assemblée nomme les premiers administrateurs ; elle nomme également, pour la première année, les commissaires institués par l'article 32 ci-après.

Ces administrateurs ne peuvent être nommés pour plus de six ans : ils sont rééligibles, sauf stipulation contraire.

Toutefois, ils peuvent être désignés par les statuts, avec stipulation formelle que leur nomination ne sera point soumise à l'approbation de l'assemblée générale. En ce cas, ils ne peuvent être nommés pour plus de trois ans.

Le procès-verbal de la séance constate l'acceptation des administrateurs et des commissaires présents à la réunion.

La Société est constituée à partir de cette acceptation.

Art. 26. *Condition de leur nomination*. — Les administrateurs doivent être propriétaires d'un nombre d'actions déterminé par les statuts.

Ces actions sont affectées en totalité à la garantie de tous les actes de la gestion, même de ceux qui seraient exclusivement personnels à l'un des administrateurs.

Elles sont nominatives, inaliénables, frappées d'un timbre indiquant l'inaliénabilité et déposées dans la caisse sociale.

Art. 27. *Assemblée générale annuelle*. — Il est tenu, chaque année au moins, une assemblée générale à l'époque fixée par les statuts. Les statuts déterminent le nombre d'actions qu'il est nécessaire de posséder, soit à titre de propriétaire, soit à titre de mandataire, pour être admis dans l'assemblée, et le nombre de voix appartenant à chaque actionnaire, eu égard au nombre d'actions dont il est porteur.

Néanmoins, dans les assemblées générales appelées à vérifier les apports, à nommer les premiers administrateurs et à vérifier la sincérité de la déclaration des fondateurs de la Société, prescrite par le deuxième paragraphe de l'article 24, tout actionnaire, quel que soit le nombre des actions dont il est porteur, peut prendre part aux délibérations avec le nombre de voix déterminé par les statuts, sans qu'il puisse être supérieur à dix.

Art. 28. *Délibérations*. — *Feuille de présence*. — Dans

toutes les assemblées générales, les délibérations sont prises à la majorité des voix.

Il est tenu une feuille de présence ; elle contient les noms et domicile des actionnaires et le nombre d'actions dont chacun d'eux est porteur.

Cette feuille, certifiée par le bureau de l'assemblée, est déposée au siége social et doit être communiquée à tout requérant.

Art. 29. *Délibérations.* — *Nombre d'actionnaires.* — Les assemblées générales qui ont à délibérer dans des cas autres que ceux qui sont prévus par les deux articles qui suivent, doivent être composées d'un nombre d'actionnaires représentant le quart au moins du capital social.

Si l'assemblée générale ne réunit pas ce nombre, une nouvelle assemblée est convoquée dans les formes et avec les délais prescrits par les statuts et elle délibère valablement, quelle que soit la portion du capital représenté par les actionnaires présents.

Art. 30. *Délibérations.* — *Vérification d'apports.* — *Nomination des Administrateurs, etc.* — *Délibération provisoire.* — *Nombre d'actionnaires.* — *Nouvelle assemblée générale.* — *Avis.* — *Résolutions définitives.* — Les assemblées qui ont à délibérer sur la vérification des apports, sur la nomination des premiers administrateurs, sur la sincérité de la déclaration faite par les fondateurs aux termes du paragraphe 2 de l'article 24, doivent être composées d'un nombre d'actionnaires représentant la moitié au moins du capital social.

Le capital social, dont la moitié doit être représentée pour la vérification de l'apport, se compose seulement des apports non soumis à vérification.

Si l'assemblée générale ne réunit pas un nombre d'actionnaires représentant la moitié du capital social, elle ne peut prendre qu'une délibération provisoire. Dans ce cas, une nouvelle assemblée générale est convoquée. Deux avis, publiés à deux jours d'intervalle, au moins un mois à l'avance, dans l'un des journaux désigné pour recevoir les annonces légales, font connaître aux actionnaires les résolutions provisoires adoptées par la première assemblée, et ces résolutions deviennent définitives si elles sont approuvées par la nouvelle assemblée, composée d'un nombre d'actionnaires représentant le cinquième au moins du capital social.

Art. 31. *Délibérations. — Modifications aux statuts. — Continuation ou dissolution de la Société. — Nombre d'actionnaires.* — Les assemblées qui ont à délibérer sur des modifications aux statuts ou sur des propositions de continuation de la société au-delà du terme fixé pour sa durée, ou de dissolution avant ce terme, ne sont régulièrement constituées et ne délibèrent valablement qu'autant qu'elles sont composées d'un nombre d'actionnaires représentant la moitié au moins du capital social.

Art. 32. *Nomination de Commissaires par l'Assemblée générale ou par le Tribunal.* — L'Assemblée générale annuelle désigne un ou plusieurs commissaires, associés ou non, chargés de faire un rapport à l'assemblée générale de l'année suivante sur la situation de la Société, sur le bilan et sur les comptes présentés par les administrateurs.

La délibération contenant approbation du bilan et des comptes est nulle, si elle n'a été précédée du rapport des commissaires.

A défaut de nomination des commissaires par l'assemblée générale, ou en cas d'empêchement ou de refus d'un ou de plusieurs des commissaires nommés, il est procédé à leur nomination ou à leur remplacement par ordonnance du président du tribunal de commerce du siége de la Société, à la requête de tout intéressé, les administrateurs dûment appelés.

Art. 33. *Commissaires. — Leurs droits.* — Pendant le trimestre qui précède l'époque fixée par les statuts pour la réunion de l'assemblée générale, les commissaires ont droit, toutes les fois qu'ils le jugent convenable dans l'intérêt social, de prendre communication des livres et d'examiner les opérations de la Société.

Ils peuvent toujours, en cas d'urgence, convoquer l'assemblée générale.

Art. 34. *Etat semestriel de l'actif et du passif. — Inventaire.* — Toute Société anonyme doit dresser, chaque semestre, un état sommaire de sa situation active et passive.

Cet état est mis à la disposition des commissaires.

Il est, en outre, établi chaque année, conformément à l'art. 9 du Code de commerce, un inventaire contenant l'indication des valeurs mobilières et immobilières et de toutes les dettes actives et passives de la Société.

L'inventaire, le bilan et le compte des profits et pertes sont mis à la disposition des commissaires le quarantième jour, au plus tard, avant l'assemblée générale. Ils sont présentés à cette assemblée.

Art. 35. *Droit de communication aux actionnaires.* — Quinze jours au moins avant la réunion de l'assemblée générale, tout actionnaire peut prendre, au siége social, communication de l'inventaire et de la liste des actionnaires, et se faire délivrer copie du bilan résumant l'inventaire et du rapport des commissaires.

Art. 36. *Fonds de réserve.* — Il est fait annuellement, sur les bénéfices nets, un prélèvement d'un vingtième au moins, affecté à la formation d'un fonds de réserve.

Ce prélèvement cesse d'être obligatoire lorsque le fonds de réserve a atteint le dixième du capital social.

Art. 37. *Perte des trois-quarts du capital. — Assemblée générale.* — En cas de perte des trois quarts du capital social, les administrateurs sont tenus de provoquer la réunion de l'assemblée générale de tous les actionnaires, à l'effet de statuer sur la question de savoir s'il y a lieu de prononcer la dissolution de la Société.

La résolution de l'assemblée est, dans tous les cas, rendue publique.

A défaut par les administrateurs de réunir l'assemblée générale, comme dans le cas où cette assemblée n'aurait pu se constituer régulièrement, tout intéressé peut demander la dissolution de la Société devant les tribunaux.

Art. 38. *Dissolution.* — La dissolution peut être prononcée sur la demande de toute partie intéressée, lorsqu'un an s'est écoulé depuis l'époque où le nombre des associés est réduit à moins de sept.

Art. 39. *Action en justice collective ou individuelle contre les gérants.* — L'article 17 est applicable aux Sociétés anonymes.

Art. 40. *Marchés passés avec la Société.* — Il est interdit aux administrateurs de prendre ou de conserver un intérêt direct ou indirect dans une entreprise ou dans un marché fait avec la Société ou pour son compte, à moins qu'ils n'y soient autorisés par l'assemblée générale.

Il est, chaque année, rendu à l'assemblée générale un compte spécial de l'exécution des marchés ou entreprises par elle autorisés, aux termes du paragraphe précédent.

Art. 41. *Nullité de la Société à l'égard des intéressés.* — Est nulle et de nul effet à l'égard des intéressés toute Société anonyme pour laquelle n'ont pas été observées les dispositions des articles 22, 23, 24 et 25 ci-dessus.

Art. 42. *Nullité prononcée.* — *Responsabilité solidaire des fondateurs et des administrateurs.* — Lorsque la nullité de la Société ou des actes et délibérations a été prononcée aux termes de l'article précédent, les fondateurs auxquels la nullité est imputable et les administrateurs en fonctions au moment où elle a été encourue, sont responsables solidairement envers les tiers, sans préjudice des droits des actionnaires.

La même responsabilité solidaire peut être prononcée contre ceux des associés dont les apports ou les avantages n'auraient pas été vérifiés et approuvés conformément à l'article 24.

Art. 43. *Responsabilité des commissaires.* — L'étendue et les effets de la responsabilité des commissaires envers la Société sont déterminés d'après les règles générales du mandat.

Art. 44. *Responsabilité individuelle en cas d'infraction à la loi et pour faute de gestion.* — Les administrateurs sont responsables, conformément aux règles du droit commun, individuellement ou solidairement suivant les cas, envers la Société ou envers les tiers, soit des infractions aux dispositions de la présente loi, soit des fautes qu'ils auraient commises dans leur gestion, notamment en distribuant ou en laissant distribuer sans opposition des dividendes fictifs.

Art. 45. *Pénalités en cas d'infraction aux articles* 13, 14, 15 *et* 16. — Les dispositions des articles 13,14, 15 et 16 de la présente loi sont applicables en matière de Sociétés anonymes, sans distinction entre celles qui sont actuellement existantes et celles qui se constitueront sous l'empire de la présente loi. Les administrateurs qui, en l'absence d'inventaire ou au moyen d'inventaires frauduleux, auront opéré des dividendes fictifs, seront punis de la peine qui est prononcée dans ce cas par le n° 3 de l'article 15 contre les gérants des Sociétés en commandite.

Sont également applicables en matière de Sociétés anonymes les dispositions des trois derniers paragraphes de l'article 10.

Art. 46. *Sociétés antérieures à la présente loi.* — Les Sociétés anonymes actuellement existantes continueront à être soumises, pendant toute leur durée, aux dispositions qui les régissent.

Elles pourront se transformer en sociétés anonymes dans les termes de la présente loi, en obtenant l'autorisation du Gouvernement et en observant les formes prescrites pour la modification de leurs statuts.

Art. 47. *Sociétés à responsabilité limitée. — Transformation.* — Les sociétés à responsabilité limitée pourront se convertir en sociétés anonymes dans les termes de la présente loi, en se conformant aux conditions stipulées pour la modification de leurs statuts.

Sont abrogés les articles 31, 37 et 40 du Code de commerce et la loi du 23 mai 1363, sur les sociétés à responsabilité limitée.

TITRE III.

Dispositions particulières aux sociétés à capital variable.

Art. 48. *Augmentation ou diminution du capital.* — Il

peut être stipulé, dans les statuts de toute société, que le capital social sera susceptible d'augmentation par des versements successifs faits par les associés ou l'admission d'associés nouveaux, et de diminution par la reprise totale ou partielle des apports effectués.

Les Sociétés dont les statuts contiendront la stipulation ci-dessus seront soumises, indépendamment des règles générales qui leur sont propres suivant leur forme spéciale, aux dispositions des articles suivants.

Art. 49. *Maximum du capital social statutaire.* — Le capital social ne pourra être porté par les statuts constitutifs de la Société au-dessus de la somme de deux-cent-mille francs.

Il pourra être augmenté par des délibérations de l'assemblée générale, prises d'année en année ; chacune des augmentations ne pourra être supérieure à deux-cent-mille francs.

Art. 50. *Actions nominatives.* — *Négociation.* — Les actions ou coupons d'actions seront nominatifs, même après leur entière libération ; ils ne pourront être inférieurs à cinquante francs.

Ils ne seront négociables qu'après la constitution définitive de la Société.

La négociation ne pourra avoir lieu que par voie de transfert sur les registres de la Société, et les statuts pourront donner, soit au Conseil d'administration, soit à l'Assemblée générale, le droit de s'opposer au transfert.

Art. 51. *Minimum de réduction du capital social.* — Les statuts détermineront une somme au-dessous de laquelle le capital ne pourra être réduit par les reprises des apports autorisés par l'article 48.

Cette somme ne pourra être inférieure au dixième du capital social.

La Société ne sera définitivement constituée qu'après le versement du dixième.

Art. 52. *Retraite des associés.* — Chaque associé pourra se retirer de la Société lorsqu'il le jugera convenable, à moins de conventions contraires et sauf l'application du paragraphe 1er de l'article précédent.

Il pourra être stipulé que l'assemblée générale aura le droit de décider, à la majorité fixée pour la modification des statuts, que l'un ou plusieurs des associés cesseront de faire partie de la Société.

L'associé qui cessera de faire partie de la Société, soit par l'effet de sa volonté, soit par suite de décision de l'assemblée générale, restera tenu, pendant cinq ans, envers les associés et envers les tiers, de toutes les obligations existant au moment de sa retraite.

Art. 53. *Représentation de la Société en justice.* — La Société, quelle que soit sa forme, sera valablement représentée en justice par ses administrateurs.

Art. 54. *Retraite d'associé. — Continuation de la Société.* — La Société ne sera point dissoute par la mort, la retraite, l'interdiction, la faillite ou la déconfiture de l'un des associés ; elle continuera de plein droit entre les autres associés.

TITRE IV.

Dispositions relatives à la publication des actes de Société.

Art. 55. *Dépôt aux greffes des actes constitutifs et de leurs annexes.* — Dans le mois de la constitution de toute Société commerciale, un double de l'acte constitutif, s'il est sous seing privé, ou une expédition, s'il est notarié, est déposé aux greffes de la justice de paix et du tribunal de commerce du lieu dans lequel est établie la Société.

A l'acte constitutif des Sociétés en commandite par actions et des Sociétés anonymes sont annexées : 1° une expédition de l'acte notarié constatant la souscription du capital social et le versement du quart; 2° une copie certifiée des délibérations prises par l'assemblée générale dans les cas prévus par les articles 4 et 24.

En outre, lorsque la Société est anonyme, on doit annexer à l'acte constitutif la liste nominative, dûment certifiée, des souscripteurs, contenant les nom, prénoms, qualités, demeure et le nombre d'actions de chacun d'eux.

Art. 56. *Publication dans les journaux des extraits des actes.* — Dans le même délai d'un mois, un extrait de l'acte constitutif et des pièces annexées est publié dans l'un des journaux désignés pour recevoir les annonces légales.

Il sera justifié de l'insertion par un exemplaire du journal certifié par l'imprimeur, légalisé par le maire et enregistré dans les trois mois de sa date.

Les formalités prescrites par l'article précédent et par le présent article seront observées, à peine de nullité, à l'égard des intéressés ; mais le défaut d'aucune d'elles ne pourra être opposé aux tiers par les associés.

Art. 57. *Contenu des extraits.* — L'extrait doit contenir les noms des associés autres que les actionnaires ou commanditaires ; la raison de commerce ou la dénomination adoptée par la Société et l'indication du siége social ; la désignation des associés autorisés à gérer, administrer et signer pour la Société ; le montant du capital social et le montant des valeurs fournies ou à fournir par les actionnaires ou commanditaires ; l'époque où la Société commence, celle où elle doit finir, et la date du dépôt fait aux greffes de la justice de paix et du tribunal de commerce.

Art. 58. *Contenu des extraits.* — L'extrait doit énoncer que la Société est en nom collectif ou en commandite simple, ou en commandite par actions, ou anonyme, ou à capital variable.

Si la Société est anonyme, l'extrait doit énoncer le montant du capital social en numéraire et en autres objets, la quotité à prélever sur les bénéfices pour composer le fonds de réserve.

Enfin, si la Société est à capital variable, l'extrait doit contenir l'indication de la somme au-dessous de laquelle le capital social ne peut être réduit.

Art. 59. *Dépôt et publicité dans divers arrondissements.* — Si la Société a plusieurs maisons de commerce situées dans divers arrondissements, le dépôt prescrit par l'article 55 et la publication prescrite par l'art. 56 ont lieu dans chacun des arrondissements où existent les maisons de commerce.

Dans les villes divisées en plusieurs arrondissements, le dépôt sera fait seulement au greffe de la justice de paix du principal établissement.

Art. 60. *Signature des extraits déposés.* — L'extrait des actes et pièces déposés est signé, pour les actes publics, par le notaire, et, pour les actes sous seing privé, par les associés, en nom collectif, par les gérants des Sociétés en commandite ou par les administrateurs des Sociétés anonymes.

Art. 61. *Modification des statuts.* — *Délibérations diverses.* — *Dépôt et publicité.* — Sont soumis aux formalités et aux pénalités prescrites par les art. 55 et 56 :

Tous actes et délibérations ayant pour objet la modification des statuts, la continuation de la Société au-delà du terme fixé pour sa durée, la dissolution avant ce terme et le mode de liquidation, tout changement ou retraite d'associés et tout changement à la raison sociale.

Sont également soumises aux dispositions des art. 55 et 56 les délibérations prises dans les cas prévus par les art. 19, 37, 46, 47 et 49 ci-dessus.

Art. 62. *Actes non soumis au dépôt et à la publicité.* — Ne sont pas assujettis aux formalités de dépôt et de publication les actes constatant les augmentations ou les diminutions du capital social opérées dans les termes de l'art. 48, ou les retraites d'associés, autres que les gérants ou administrateurs, qui auraient lieu conformément à l'art. 52.

Art. 63. *Communications aux tiers de pièces relatives à des Sociétés en commandite par actions ou à des Sociétés anonymes.* — *Affichage dans les bureaux des Sociétés des pièces déposées.* — *Délivrance d'expéditions d'actes et de copies de statuts.* — Lorsqu'il s'agit d'une Société en commandite par actions ou d'une Société anonyme, toute personne a le droit de prendre communication des pièces déposées aux greffes de la justice de paix et du tribunal de commerce, ou même de s'en faire délivrer à ses frais expédition ou extrait par le greffier ou par le notaire détenteur de la minute.

Toute personne peut également exiger qu'il lui soit délivré au siége de la Société une copie certifiée des statuts, moyennant payement d'une somme qui ne pourra excéder un franc.

Enfin, les pièces déposées doivent être affichées d'une manière apparente dans les bureaux de la Société.

Art. 64. *Dénomination sociale à indiquer sur documents imprimés ou autographiés.* — Dans tous les actes, factures, annonces, publications et autres documents *imprimés* ou *autographiés*, émanés des Sociétés anonymes ou des Sociétés en commandite par actions, la dénomination sociale doit toujours être précédée ou suivie immédiatement de ces mots, écrits lisiblement en toutes lettres : *Société anonyme*, ou *Société en commandite par actions*, et de l'énonciation du montant du capital social.

Si la Société a usé de la faculté accordée par l'art. 48, cette circonstance doit être mentionnée par l'addition de ces mots : *à capital variable.*

Toute contravention aux dispositions qui précèdent est punie d'une amende de cinquante francs à mille francs.

Art. 65. Sont abrogées les dispositions des art. 42, 43, 44, 45 et 46 du Code de Commerce.

TITRE V.

Des Tontines et des Sociétés d'assurances.

Art. 66. *Assurances sur la vie et tontines.* — *Autorisation et surveillance du Gouvernement.* — Les associations de la nature des Tontines et les Sociétés d'assurances sur la vie, mutuelles ou à primes, restent soumises à l'autorisation et à la surveillance du Gouvernement.

Les autres Sociétés d'assurances pourront se former sans autorisation. Un règlement d'administration publique déterminera les conditions sous lesquelles elles pourront être constituées.

Art. 67. *Assurances autres que celles sur la vie.* — *Sans autorisation du Gouvernement.* — Les Sociétés d'assurances désignées dans le paragraphe 2 de l'article précédent, qui existent actuellement, pourront se placer sous le régime qui sera établi par le règlement d'administration publique, sans l'autorisation du Gouvernement, en observant les formes et les conditions prescrites pour la modification de leurs statuts.

DÉCRET DU 22 JANVIER 1868.

Portant règlement d'administration publique pour la Constitution des Sociétés d'assurances.

(Voir 11ᵉ série. Bulletin n° 1568 — n° 15787).

SOCIÉTÉS FRANÇAISES

MODÈLE DE DÉCLARATION D'EXISTENCE

Objet de la Société :
Siége :
Nom du Directeur ou Gérant :
Date de l'acte constitutif :
Date de l'enregistrement de cet acte :
Durée de la Société :   ans (à partir du   jusqu'au   ).
Capital social :
Capital émis :

Le capital émis est divisé : 1° en   actions d'une valeur nominale
de   savoir { nominatives : / porteur :

2° en   obligations d'une valeur nominale
de   savoir { nominatives : / porteur :

Versements effectués sur les { actions : / obligations :
Les titres sont-ils cotés officiellement ?   . A quelle Bourse ?
Valeur d'après la cote officielle des { actions : / obligations par série :
Valeur déclarée à défaut de cote par { action : / obligation et par série :
Dividende de la dernière année :
Déposer un exemplaire des statuts.

SOCIÉTÉS ÉTRANGÈRES

MODÈLE D'ENGAGEMENT DE REPRÉSENTANT RESPONSABLE
(Sur timbre de dimension).

Je soussigné (*nom, prénoms, profession*)
demeurant à   , rue   , n°
déclare m'obliger personnellement, en qualité de représentant
responsable de la Société de
ayant son siége à   , rue   , n°
au paiement des droits de timbre, de transmission et de la taxe
sur le revenu, ainsi que des amendes y relatives qui peuvent ou
pourront être dues par ladite Société.

Paris, le   18

Trimestre

de

18

Société

Rue   N°

(1) Y compris les titres émis pour lesquels il n'a été délivré que des certificats provisoires, non négociables.

Situation

	ACTIONS.		OBLIGATIONS.		OBSERVATIONS.
	Porteur.	Nomi-natif (1).	Porteur.	Nomi-natif (1).	
Il existait au					Indiquer ici la *valeur imposable* de chaque nature de titres.
Il a été émis pendant le trimestre.					
Indiquer ici l'époque à partir de laquelle ces titres donnent droit aux intérêts ou dividendes :					**Nombre. Valeur.**
					Action
					Action
Totaux.....					Oblig.
					Oblig.
Il a été amorti pendant le trimestre.					
Indiquer ici l'époque à partir de laquelle ces titres amortis ont cessé d'avoir droit aux intérêts ou dividendes :					
Reste.....					
Il a été converti du porteur au nominatif.					
Reste.....					
Il a été converti du nominatif au porteur.					
Situation à la fin de trimestre de 18 .					

Certifié véritable par . . . . *soussigné*

, le . . . . 18 . . . .

Trimestre

de

18

Société   Rue   N°

Relevé des Conversions et Transferts.

Nota : Si, durant le trimestre, il n'y a pas eu d'opérations, on mettra le mot *néant* au milieu de la page.

Après avoir fait la totalisation des colonnes, on certifiera le relevé véritable, on le datera et on le signera.

(1) La valeur est le produit de la multiplication du nombre par le cours moyen ou par le prix.

Nota : Pour les Sociétés qui font un grand nombre d'opérations, il serait utile, dans l'intérêt de leur service et du service des Receveurs que le relevé fût présenté de la manière suivante :

1° Conversions du porteur au nominatif; 2° conversions du nominatif au porteur; 3° transferts passibles du droit; 4° Transferts non passibles du droit: 1° transferts en garantie pour prêt; 2° transferts d'ordre résultant des ventes, donations, contrats de mariage, mutations par décès, etc., etc. Il faut annexer au relevé les pièces justificatives de ces transferts.

N°s des mutations.	DATES des opérations.	NOMS, PRÉNOMS ET DOMICILES DES		NOMBRE DE TITRES			COURS MOYEN des titres convertis ou prix des transferts.	VALEUR DES TITRES (1) Pour la perception, chaque valeur doit être arrondie de 20 en 20 fr.		DROIT DE 50 C. 0/0 sur la valeur des titres.	
		CÉDANTS.	CESSIONNAIRES.	CONVERTIS au porteur.	au nominatif.	Transferts et mutations.		Convertis.	Transférés.	Convertis.	Transférés.

_Trimestre
de
_____ 18 _____

Résumé général
des opérations trimestrielles et des droits à acquitter.

§ 1er. — Droits de Transmission perçus pour le compte du Trésor
à raison de 0 fr. 50 pour cent.

DÉSIGNATION des Titres.	NOMBRE DE TITRES imposables par suite de			VALEUR IMPOSABLE des Titres soumis aux droits. — Arrondir de 20 en 20 f. la valeur imposable de chaque nature de Titre.	MONTANT des droits.
	CONVERSIONS EN TITRES		Transferts et Mutations.		
	Nominatifs.	Au porteur.			
Actions.........					
Obligations......					
Totaux.........					

§ 2. — Taxe annuelle sur les titres au porteur
à raison de 5 c. 0/0 par trimestre.

DÉSIGNATION des Titres.	COURS MOYEN de l'année 18 .	NOMBRE de Titres au Porteur.	VALEUR imposable (1).
Actions.			
Obligations. . . .			
Totaux.			

(1) Produit de la multiplication du nombre par le cours moyen.
Additionner le produit de chaque nature de Titre, et, pour la perception, arrondir le total de 20 en 20.

Total général des droits. . . .

BORDEREAU
N°

VISA POUR TIMBRE

DES TITRES DE RENTES ET AUTRES EFFETS PUBLICS DES GOUVERNEMENTS ÉTRANGERS.

NOTA. Un bordereau spécial devra être rédigé pour *chaque nature de titre* et pour *chaque quotité de coupure.*

(1) Nombre de titres en toutes lettres.
(2) Nature des titres.
(3) Quotité de la coupure en toutes lettres.
(4) Capital, en monnaie étrangère et en toutes lettres.

BORDEREAU *des* (1) *titres de* (2)
donnant un revenu annuel de (3) *chacun,*
au capital nominal de (4)
chacun, présentés par M demeurant
à pour être soumis à la formalité du timbre.

NUMÉROS DES TITRES. (Inscrire par ordre).	NOMBRE.
Report......................	
à	
A reporter d'autre part...............	

, le 187 . *(Signature.)*

DÉCOMPTE DES DROITS.

(Ce décompte est établi par le Receveur.)

Capital *nominal* de chaque titre, en monnaie étrangère, ci.........
Capital *nominal* de chaque titre, en monnaie française, à raison
de par , ci...............
Droit à percevoir sur *chaque* titre.... { à 0 fr. 75 cent. pour les titres de 500 francs et au-dessous, ci.........................
à 1 fr. 50 c. par 1,000 fr. et par fraction de 1,000 fr. pour les titres au-dessus de 500 fr., ci.......
Nombre des titres déposés (voir ci-dessus et d'autre part), ci.
Total des droits à percevoir, ci.....................

VU et CONTRÔLÉ :

DÉCHARGE POUR LES TITRES RETIRÉS.

Je soussigné, , demeurant à reconnais avoir
retiré du bureau du Timbre les (1) titres de (2)
de (3) chacun, déposés suivant le bordereau ci-dessus; dont décharge.
, le 187 .
(Signature du porteur du reçu.)

DÉCHARGE DES TITRES DÉPOSÉS.

BORDEREAU
N°

Reçu de M. demeurant à
les (1) titres de (2) , donnant
un revenu annuel de (3) chacun, et au
capital nominal de (4)
chacun, déposés suivant le bordereau n° , pour
être soumis à la formalité du timbre.

Ces titres seront rendus contre la remise du présent reçu,
le 187 , de 2 à 4 heures du soir ; *passé*
ce délai, le Receveur soussigné n'en sera plus responsable.
, le 187 .

NOTA. La remise du présent reçu au Receveur du Timbre vaudra complète décharge des titres.

Le Receveur des droits de timbre,

VISA POUR TIMBRE

DES TITRES DE VILLES, SOCIÉTÉS, CORPORATIONS ÉTRAN-GÈRES ET ETABLISSEMENTS PUBLICS ÉTRANGERS.

BORDEREAU

N°

NOTA. Un bordereau spé-cial devra être rédigé pour *chaque nature de titre* et pour *chaque quotité de cou-pure*.

(1) Nombre des titres en toutes lettres.
(2) Nature des titres.
(3) Quotité de la coupure en toutes lettres.
(4) Capital, en monnaie étrangère et en toutes let-tres.

BORDEREAU *des* (1)   *tit₁ es de* (2)
donnant un revenu annuel de (3)   *chacun,*
au capital nominal de (4)
chacun, présentés par M.   *demeurant*
à   *pour être soumis à la formalité du timbre.*

NUMÉROS DES TITRES. (Inscrire par ordre).	NOMBRE.
Report....................	
à	
À reporter d'autre part..................	

, le   187 .   (*Signature.*)

(1) Pour les fractions de centaines, le droit est liqui-dé sur des sommes rondes de 20 francs en 20 francs. (Loi du 5 juin 1850, art. 14 et 27.)

DÉCOMPTE DES DROITS.
(Ce décompte est établi par le Receveur).

Capital *nominal* de chaque titre, en monnaie étrangère, ci..............................
Capital *nominal* de chaque titre, en monnaie française, à raison de   par   ci.
Droit à percevoir sur *chaque* titre, à 1 franc par 100 francs (1)....................
Nombre des titres déposés (voir ci-dessus et d'autre part), ci................
Principal des droits à percevoir, ci....
Double décime.........

VU et CONTRÔLÉ

TOTAL...................

DÉCHARGE POUR LES TITRES RETIRÉS.

Je soussigné,   demeurant à   reconnais avoir retiré du bureau du Timbre les (1)
titres de (2)   de (3)   chacun, déposés suivant le bordereau ci-dessus ; dont décharge.
, le   187 .
(*Signature du* porteur *du reçu.*)

BORDEREAU

N°

REÇU DES TITRES DÉPOSÉS.

Reçu de M   demeurant à
les (1)   titres de (2)   , donnant un revenu annuel de (3)   chacun, et au capital nominal de (4)
chacun, déposés suivant le bordereau n°   , pour être soumis à la formalité du timbre.
Ces titres seront rendus contre la remise du présent reçu, le   187 , de 2 à 4 heures du soir ; *passé ce délai, le receveur soussigné n'en sera plus responsable.*

NOTA. La remise du pré-sent reçu au Receveur du Timbre vaudra complète décharge des titres.

, le   187 .
Le Receveur des droits de timbre,

9 782329 695884